一句话理解法律

学法律就这么简单

黄文伟 /著/

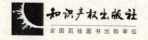

知识产权出版社

全国百佳图书出版单位

图书在版编目（CIP）数据

一句话理解法律：学法律就这么简单/黄文伟著. — 北京：知识产权出版社，2018.4

ISBN 978-7-5130-5412-6

Ⅰ.①一… Ⅱ.①黄… Ⅲ.①法律–中国–通俗读物 Ⅳ.①D920.5

中国版本图书馆CIP数据核字（2018）第011767号

内容提要

本书通过简洁的语言、生动的案例，解析法理学、宪法、民法、合同法、行政法、刑法、诉讼法原理和知识。本书是人们快速理解法律、运用法律的基础性著作，入门级读者可有"一句话理解法律"的扫盲效果，资深法律人士也可从中获得思考法律精髓的启发。

责任编辑：李小娟　　　　　　　　　　　　　　责任出版：刘译文

一句话理解法律：学法律就这么简单

YI JU HUA LIJIE FAILÜ：XUE FAILÜ JIU ZHEME JIANDAN

黄文伟　著

出版发行：**知识产权出版社** 有限责任公司		网　址：http:// www. ipph. cn	
		http:// www. laichushu. com	
电　话：010 – 82004826			
社　址：北京市海淀区气象路50号院		邮　编：100081	
责编电话：010 – 82000860转 8531		责编邮箱：61026557@qq.com	
发行电话：010 – 82000860转 8101		发行传真：010 – 82000893	
印　刷：北京中献拓方科技发展有限公司		经　销：各大网上书店、新华书店及相关专业书店	
开　本：880mm×1230mm　1/16		印　张：15.75	
版　次：2018年4月第1版		印　次：2018年4月第1次印刷	
字　数：211千字		定　价：58.00元	

ISBN 978 – 7 – 5130 – 5412 – 6

前　　言

　　人都需要懂一点法律知识，它能帮助你看清许多事物，不至于被蒙骗。怎样能懂法律呢？关键是掌握正确的方向。最怕的是搞错了方向，越勤快，越麻烦。求真理的人，应该越学越少，越学越精纯，因为真理是简单的，学法律大体也是这样一个方向。

　　法律的问题，说复杂就复杂，说简单，其实也简单，一句话就可以理解法律。"科学是这样一种企图，它要把我们杂乱无章的感觉经验用同一种逻辑上贯彻一致的思想体系对应起来"❶。法律本身也是逻辑上贯彻一致的思想体系，一部法律，一门法律学科，大体都可以通过一句话掌握其内在的逻辑。人的精力是有限的，认知能力更是有限的，怎样在有限中认识无限世界，人类发展进化出一个机制叫"简化"。学法律既要多多掌握各种法律法规，也要学会简化，否则，就会让原本简单的事情变得非常复杂，以致无解。弗里德曼曾经说："好多人，甚至那些受过长期、专业训练的经济学家，他们往往都只是记得一些技术上的东西，他们没有掌握经济学的精髓。就像一个人背诵了好多的乐谱，但是他却从来没有听过音乐。"❷在法律上，很多学过法律的人也存在这样的问题，他们也没有理解好法律的核心内容。

---

　　❶许良英，李宝恒，赵中立，等.爱因斯坦文集[M].北京：商务印书馆，1983：384.

　　❷转引自音频节目《薛兆丰北大经济学课》"第四周问答：药价为何越来越高？"（2017年3月17日）。

　　学习法律容易陷入绝对主义错误,法条绝对主义——以为只有法条才是正确的;教科书绝对主义——以为教科书的法律阐释才是正确的;学说绝对主义——以为某种学说的法律阐释才是正确的。事实上,在法律问题上,存在大量的对立观点,存在界限模糊的地带,如何理解这种对立和模糊呢?一句话理解法律,可以帮我们回到法律的最基本事实。这样,对各种学派的合理性,对各种各样的观点分歧,就能有宽容的认识,更能避免绝对主义错误。

　　一句话理解法律,可以让法律学习变成充满美感的追求。数学是枯燥的,但很多人觉得数学很美。怎么才能觉得解一道数学题也很美?一种高效而简洁的解法就很美。法律学习是枯燥的,如果我们能归纳为简洁清晰的语言来学习,那么,学习也是充满美感的。一句话理解法律,也是最好的法律记忆方法之一。法律学习涉及大量记忆,记忆是一种联系,一句话理解法律立足于复盘知识的原本逻辑,挖掘知识本身的内在联系,显然是很有助于记忆的学习方法。

　　一句话理解法律,这样的学习无疑会忽略大量的知识,但只有忽略细节,才能抓住本质。只有抓住本质,才能学法不慌、用法不乱。除少数受过专业训练的人之外,绝大多数人对法律只有模糊的印象,对一部法律通常只能有寥寥数句话的理解,他们无法运用复杂多样的法律进行推理分析,如果不将法律学到简单,他们根本无法活用法律,至多只能通过破碎的法律印象推导出一些相互矛盾的结论。一句话理解法律,是普通人学法的有力武器。

　　"观念的力量可不能小瞧"。那些简洁而有穿透力的观念,具有改变世界的力量;用那些简洁而有穿透力的一句话理解法律,将能极大地提升我们对法律的认知水平。现在,让我们一起开始一句话理解法律的探索之旅吧!

目　　录

不考虑细枝末节和个别极端观点,通过"平等"两个字可以理解现代法律的整体构架。而理解具体的制度规则,还需要进一步结合秩序、效率、科学、传统等。

第二章

法理学　017

通过"法是对人民有强制约束力的权利义务规范"可以一句话理解法理学。法是对人民有强制约束力的权利义务规范,但是,人民是不能被随意强制的。法律的特征,可以从两方面理解:一是法律实际上有什么特征,即实在法意义上的特征;二是法应该有什么特征,即应然法意义上的特征。前一个问题对"法是对人民有强制约束力的权利义务规范"的进一步阐述,后一个问题是对"人民是不能被随意强制的"回答。

第三章

宪　法　055

通过"宪法是民主国家的根本法"可以一句话理解宪法。宪法是民主国家的根本法。所谓民主国家包括两层含义：一是国家的权力归属于人民，二是人民的权利得到国家的保障。在这两层含义中，后者是前者的目的。宪法各种规范的设定最终都是为了保障人民的权利。

第四章

民　法 073

通过"民法是调整平等主体之间的权利义务关系的法律"可以一句话理解民法。平等包括自由意志平等和利益平等。在民法中，平等是指自由意志的平等，因此，民法可称为平等主体之间的法律。自由意志平等是民法制度的主线，不过，只是主线而不是全部。理解民法除了抓住自由意志平等外，还要结合效率、公平、秩序、传统等原则。

第五章

合同法 117

通过"合同是平等主体约定相互关系的法
律"可以一句话理解合同法。不过，合同所确认
的法律与一般意义上的法律是不同的。从法律
制定看，合同是当事人共同制定的，而法律是国
家制定或者认可的；从法律效力看，合同一般只
对当事人产生约束力，而法律效力则具有普遍
性，对一定区域的人都有约束力。法律的制定
需要非常复杂的博弈程序，既有民主表决又有
各种制衡。但是，合同所确认的法律效力则是
两个人依法协商就可以产生，这体现了合同的
核心原则——自由。自由是合同法的灵魂，没
有起码的基本自由，合同就不能成为当事人的
法律，而给当事人足够充分的自由则是一部好
合同法的标准。

第六章

行政法　141

通过"行政是政府以及具有行政权的组织为实现公共利益的管理活动"可以一句话理解行政法。行政法所谈的政府管理并不仅仅是对危害社会行为的制止，更主要的是促进社会合作，增进公共利益。政府管理的目的是实现公共利益。宪法在一定程度上解决了实现公共利益的问题，但远远不够。通过行政法对行政权的控制和规范也是保证政府公益性的重要方法。公共利益是共同体内"所有个人利益的总和"。如果共同体内所有个人对于特定公共利益的价值选择一致，那是最好的；但是，绝大多数情况下，总是有人有不同的价值选择，因此，需要一套复杂的行政法制度来保证公共利益。

第七章

刑 法 165

通过"刑法是规定何为危害社会的犯罪行为及对其处以何种处罚的法律"可以一句话理解刑法。现代社会的目标是人人平等，危害社会其实就是危害人人平等的社会秩序。进一步深入分析，刑法的内容大体可以围绕平等理解，对犯罪行为的处罚目标是维护人人平等，而且处罚本身也不能违反平等，即罪刑均衡。

第八章

诉讼法　193

通过"诉讼法是法院主持下按照法定程序公正解决具体案件的过程"可以一句话理解诉讼法。人人平等，没有人可以对他人的人身和财产享有权利。当一个人人身和财产权利受到他人伤害时，他就拥有对伤害他的人身和财产的行为进行惩罚的权利。但是，如果每个人都根据自己的意见对他人的伤害行为进行惩罚，将陷入战争状态，因为不同主体对是否存在伤害总有自己的看法，总会存在争议。而且，假定伤害能明确，人们通常也不会自愿接受来自平等主体的惩罚。为防止社会陷入战争状态，需要建立一个高于个人的公权力机构，由它来裁判伤害争议案件并执行惩罚。

第一章

一句话能理解
法律吗

不考虑细枝末节和个别极端观点，通过"平等"两个字可以理解现代法律的整体构架。而理解具体的制度规则，还需要进一步结合秩序、效率、科学、传统等。

一句话理解法律是学法的好方式。不过,一句话能理解法律吗?
每部法律、每门法律学科都能归纳总结为一个定义。既然能总结为一
个定义,说明一句话可以理解法律,否则这定义就是有问题的。当然,
你可能会反驳——"每部法律以及每门法律学科的定义我都知道,但
并不见得通过这个定义就能透彻理解法律"。通常,各部门法、各门法
律学科的定义是中性的,我们能通过定义理解该部门法或该学科的组
成,却很难从中理解该部门法或者学科的各项法律规则的架构原理。
例如,刑法是规定犯罪和刑罚的法律,通过这一定义可以理解刑法的
基本组成,但是,刑法的具体规则为什么要这样规定而不是那样规定,
就很难通过这一中性的定义加以理解了。现代社会法律制度设计根
源于这样的指导思想——人人平等,抓住这一要点,加上各部门法和
各法律学科的定义,你就能大体归纳出各部门法和各法律学科的精
髓,进而一句话理解法律。

一、人人平等是现代法律制度的指导思想

关于"人人平等",最为著名的思想渊源是 1789 年法国大革命时期
颁布的纲领性文件《人权宣言》。《人权宣言》第一条规定:"人生来就是
而且始终是自由的,在权利方面一律平等。"这一条规定可以说是现代
文明社会法律制度的基础原理。"人人平等"在世界范围的权威版本是
《世界人权宣言》。《世界人权宣言》第一条规定:人人生而自由,在尊严
和权利上一律平等。《人权宣言》《世界人权宣言》的理论基础是自然权
利论(自然法)。应该说,现代法律的制度设计理论包括两大流派:自

然权利论和功利主义。与自然权利论不同,功利主义并不以"人人生而自由平等"作为其理论基础,而是强调最大多数人的最大福利。不过,怎样实现最大福利,多数功利主义主张给予每个人自由平等的地位,这样才能最大限度地激发人民的创造力,创造最大福利。也就是说,多数功利主义主张人人平等作为法律制度的基础。可见,不考虑细枝末节和个别极端观点,无论是自然权利论,还是功利主义,都是围绕"人人平等"架设整个法律制度。

所谓人人平等是应然目标,而不是事实的存在,需要国家保证,否则就陷入丛林战争。如霍布斯所言:"在正义与不义等名称出现以前,就必须先有某种强制的权力存在,以使人们所受惩罚比破坏信约所能期望的利益更大的恐惧来强制人们对等地履行其信约,并强制人们以对等的方式来维持通过相互约定、作为放弃普遍权利之补偿而获得的所有权。这种共同权力在国家成立以前是不存在的。"❶谁也不能杀人,但国家可以合法杀人。国家的特点是强制,可以对人实施合法的强制。国家对人人平等的保证,实质上是通过国家对人的强制(不平等)来实现。国家对人的不平等显然背离了人人平等,所以,必须通过人对国家的管理(或者授权)来制约国家,也就是通过"人对国家的不平等"平衡"国家对人的不平等",从而实现人人平等。这样,法律规范就包括以下三部分:一是人与人之间的平等规范;二是国家对人的不平等规范;三是人对国家的不平等规范。可以说,各个部门法的制度设计大体就是围绕这三种规范展开的。人与人之间的平等规范又称为私法,而后两者又称为公法,这两种公法规范(国家对人的不平等规范以及人对国家的不平等规范)之间要达到平衡,这样社会才可能是平等社会。民法属于人与人之间的平等规范,为了解决平等主体之间的纠纷就有了民事诉讼法。民事诉讼法包含人与人之间的平等规范,不过,如果纯粹依靠私人之间的互动来解决争议很可能陷入

---

❶利维坦[M].黎思复,黎廷弼,译.北京:商务印书馆,1996:109.

丛林战争。因此,民事诉讼法总体上仍然是代表国家对人的不平等的公法规范,是法院主持下解决民事纠纷的法律规范,具有公权性、强制性、程序严格等特征。❶人与人之间平等,但是,平等主体的纠纷仅靠国家制定的民法规范以及民事诉讼法并不足以解决。于是,就有了刑法、刑事诉讼法和行政法。刑法规定对危害社会(严重破坏人人平等的社会秩序)的犯罪行为的处罚❷,刑事诉讼法是关于如何追究犯罪人法律责任的程序规定,行政法规定"政府促进人人平等社会的管理活动,以及政府对部分危害社会行为的处罚"。刑法、刑事诉讼法和行政法体现了国家对人的强制,是不平等主体之间的法律。不过,为了平衡这种不平等,刑法、刑事诉讼法与行政法的立法始终贯穿着限制政府权力、保护公民权利的立法理念。仅仅刑法、刑事诉讼法与行政法立法本身并不足以平衡这种不平等,因此,又有了宪法、行政诉讼法、国家赔偿法等主要是为了制约国家管理行为的法律。宪法的目的是限制政府权力、保护公民权利;行政诉讼法的目的在于通过审查行政行为(政府管理行为)的合法性从而保护公民、法人和其他组织的合法权益;国家赔偿法规定国家对国家机关及其工作人员违法行使职权或存在过错等原因造成的损失应该给予受害人的赔偿。

---

❶除了民事诉讼法外,和解、诉讼外调解和仲裁也是民事纠纷的解决方式,这些解决方式就属于私法范畴。但是,因为私力救济的局限性,这些解决方式如果需要诉诸强制方式,最终还得依靠民事诉讼法(公法)的保障。

❷违反刑法的严重危害社会的行为,有的是对国家组织管理社会的制度和行为进行破坏,有的纯粹是平等主体间的严重伤害行为。因为后者,有观点认为刑法具有平等主体规范(私法)的成分。不过,在笔者看来,这种观点错误理解刑法的含义。平等主体间的伤害行为如果违反民法,它只承担对相对方民事主体的责任,而违反刑法则需承担对国家的责任。民事责任体现的是私法责任,其最后归属是债,民事责任是债的一种存在形式。刑法关于平等主体间的严重伤害行为的法律责任的规定,是以国家惩罚这种行为的方式出现的,代表国家对此行为的否定性评价和谴责,而非对受害者损失的弥补。因此,它属于公法而非私法。

微课堂1：

为什么可以一句话理解法律

对比经济学与法学之差异，可以帮助我们理解为什么可以一句话理解法律。经济学的目的是对人的行为作出解释，虽然它也会作出一些关于制度优劣的规范性判断，但总体而言，它是一门实证科学而非规范科学。法学则带有更强烈的建构性，总体上是一门规范科学，法律是在法治的基本价值准则的基础上搭建起来。尽管现实立法以及司法过程也相当复杂，但分析其根源，仍可以看到建构法律大厦的基本准则。因此，只要专注"法治的基本价值准则"，我们就掌握了一句话理解法律的钥匙。

二、何为平等？

人人平等是现代法律制度的指导思想,不过,何为平等则有不同理解。平等,即人应该平等。世界上不可能存在两个一模一样的人,显然,平等并非指人本身应该一样,而是指在对人有价值的东西方面应该平等或者相对平等。所谓对人有价值的东西包括自由意志、财富、权力、报酬、身体、知识、尊敬、职位、福利等。财富、权力、报酬、身体、知识、尊敬、职位、福利等对人有价值的东西,可以称之为利益或者资源(用以满足人利益需求的资源)。可见,平等可以区分为自由意志平等和利益(资源)平等。

所谓自由意志平等,指任何人都不得将自己的意志强加于他人,即处于不受他人干涉的地位才是平等。自由有不同的解释,这里定义的自由是指不受他人干涉。哈耶克在《自由宪章》中举了一个形象的例子:"某个攀岩者遇险,发现仅有一路可以脱身,这时他别无选择,但却享有自由。"❶攀岩者之所以享有自由,就在于他没有受到他人干涉。因为没有受到他人干涉,所以,他处于自由意志平等的地位。自由意志平等预设了一个基本前提:人人享有同样的自由。安·兰德对此有一个精彩的论断:"千万不要以为自由主义者会说这样的话:'我想做什么就可以做什么,不必管别人会怎样。'自由主义者清楚地知道,每个人都拥有不可剥夺的权利——不光是他自己的,还有别人的。"❷自由意志平等意味着每个人的自由以他人的自由为界,每个人的义务仅仅是不干涉他人的自由。如果一个人干涉他人的自由(违背不干涉他人自由的义务),那么,

❶哈耶克.自由宪章[M].杨玉生,等,译.北京:中国社会科学出版社,2012:30.

❷兰德.什么是西方价值观[EB/OL].(2015-02-03)[2016-06-09].http://www.21ccom.net/articles/thought/zhongxi/20150203120476.html.

他应该赔偿被他干涉的人并可能遭到社会惩罚。这时候，他的自由应该被限制。这种限制正是自由意志平等的体现。判断一个人是否处于自由意志平等的地位，首先看其人身财产自由是否受他人干涉，不受他人干涉就是处于自由平等的地位，反之，就是处于不平等地位。例如，某企业需要裁员，选择解聘甲而不是乙，表面上就是对甲的不平等对待，不过，按照自由意志平等的标准，这种选择虽然导致甲的利益没得到满足，但只要没有对甲实施强制（干涉），没有侵犯到甲的自由，就不能说企业对甲实施了不平等对待，甲仍处于自由平等的地位。自由意志是否平等，还可以通过义务分配的角度判断，一个人如果仅仅承担不侵犯他人自由（保证他人同等自由）的义务和为国家运作承担最小必要义务，那么，就是处在自由意志平等的地位。反之，如果承担过多义务，例如为社会安全被迫承担过多的被监控义务，或者税负太重，则自由被侵犯，即处于不平等地位。

　　理解自由概念的关键是"干涉"。干涉包括暴力和类似暴力的干涉。最典型的干涉是暴力干涉，暴力是采用武力或者武力威胁对他人的人身和财产进行攻击。如安·兰德所言："我们可以在一个人和另一个人的权利之间划上一条清楚的分界线。这是一条客观的分界线，不因观点差异而改变，也不受多数人的意见或社会的硬性规定左右。任何人都没有权利率先向另一个人动用武力。"[1]除了暴力外，现代社会也将一些类似暴力的干涉视为对自由的侵犯，此类干涉包括：①欺骗。哈耶克认为，欺骗和迷惑与强制相同，都是操纵他人赖以作出决策的基本事实的方式，以达到让他人去做欺骗者或迷惑者所想让他做的事。因此，一旦欺骗或迷惑成功，被欺诈者与被强制者一样沦为他人的工具，去实现他人的目的，而不是追求自己的目的。[2]②违约。双方自由意志达成一致可依法成立合同，一方如果不履行合同（违约）也伤害了对方的自由意志。③某些极

---

[1]　兰德.什么是西方价值观[EB/OL]. (2015-02-03)[2016-06-09].http://www.21ccom.net/articles/thought/zhongxi/20150203120476.html.

[2]　哈耶克.自由宪章[M].杨玉生,等,译.北京:中国社会科学出版社,2012:204.

端情况下垄断者的行为也可能构成干涉,例如"一片沙漠绿洲上的一处水源占有者"就可能对他人产生强制,因为水源唯一而且不可缺。

　　利益的平等,是指各方获得利益的机会平等(也称为机会公平或者公平),以及获得利益本身的平等(平均主义)。利益只能通过一定的资源来满足,因此,利益平等也可理解为资源平等。资源包括个人的身体能力(如劳动力、健康、容貌、智力、知识、技能等),也包括个人物质资本(个人能调动的物质财产)、社会资本(个人调动人际关系的资源能力)。卢梭曾从这个角度界定平等,他在《社会契约论》中说:"至于平等,这个名词绝不是指权力与财富的程度应当是绝对相等;而是说,就权力而言,则它应该不能成为任何暴力,并且只有凭职位与法律才能加以行使;就财富而言,则没有一个公民可以富得足以购买另一人,也没有一个公民穷得不得不出卖自身。"❶权力可以理解为个人社会资本,财富可以理解为个人物质资本,卢梭在这里所谈到的平等其实就是资源平等。不过,卢梭反对平均主义和绝对相等的平等,他所指的平等是权力和财富的相对平等。每个人拥有资源不一样,资源是不可能绝对平等,资源平等所追求的通常是一种相对平等:①在财富方面,没有人因为陷入极端贫困不得不出卖自身;②在权力(个人调动人际关系的资源能力)方面,不因为国籍、种族、身份、宗教、性别等而受不同对待;③在身体能力方面,那些处于极端弱势(如残疾)的人能得到社会的保障。

　　对平等的理解,还要注意到一句传统俗谚"吃得苦中苦,方为人上人"。很多人认为这一种不平等思维,其实这是对平等含义的错误理解。作为现代法律制度指导思想的平等,指的是公共秩序,是一个人不能强制另一个人,以及人们之间资源的相对平等。至于"吃得苦中苦,方为人上人",其实主要是个人追求的目标,只要不伤害公共秩序,并不为法律所禁止。

---

❶卢梭.社会契约论[M].何兆武,译.北京:商务印书馆,2003:66.

微课堂2:

为什么她可以
不排队

到银行办事,遇到人多,大家按顺序排队等待。但是,有的人就可以不排队。一日,一位打扮入时的贵宾客户进来,与大厅的银行工作人员说了几句什么,工作人员直接给了一个号,她就去另一个窗口办理业务了。

对此,一位头发花白的老人坐不住了,说为何我们等了这么久,她一来就可以办,这不是不平等吗?但是,银行工作人员解释这位是贵宾客户,可以优先办理业务。

是啊,这是不是不平等呢?老人的疑问,来自他朴素的平等观,一种"先到先得"的平等,而贵宾客户的优先待遇其实是"价高者得"的平等。商业银行,作为商人,它有权选择按照"先到先得"或者"价高者得"挑选客户,这里边没有强制的成分。老人并没有受到不平等的强制,其自由意志平等权在这里没有受到侵犯。但是,如果从利益平等角度看,因为资源(银行办事窗口)有限,因此,这里必然存在不平等,"价高者得"是基于金钱的平等,"先到先得"是基于时间的平等,时间也是金钱,这两种不平等的性质并没有什么根本的不同。

三、对平等进一步解释衍生出各种复杂的法律规则

平等可以区分为自由意志平等和利益平等,但这两者本质上是冲突的。人与人之间的关系如果是自由的话,结果就是收入的不平等,反之,追求人与人之间收入平等,也将摧毁自由。自由选择,必然带来不平等对待。例如,你选择了格力空调,就是对所有其他空调品牌的不平等对待。而追求平等对待,也将伤害一部分人的自由。

没有人愿意受到强制,利益的平等总是损害某些人的自由意志,既减损了受害者的价值,也抑制了社会进步的动力,自由意志平等更能保证广大人民的自由和长远利益。但是,任凭个人意志的自由发挥,也可能造成严重的利益不平等(如贫富分化),影响社会的和谐与共存。哈耶克在《自由宪章》中引用美国联邦最高法院大法官O.W.霍姆斯的话说:"对于那种追求平等❶的热情,我毫无尊重之感,因为这种热情对我来说,只是一种理想化了的妒忌而已。"❷他还写道:"大多数极端的平均主义要求,都基于忌妒。"❸不过,嫉妒心也是人类根深蒂固的本性,是一时半会儿克服不了的约束条件。既然忽略不了,为了社

---

❶这句话所提到的平等其实是利益平等。

❷哈耶克.自由宪章[M].杨玉生,等,译.北京:中国社会科学出版社,2012:125.

❸同❷.

会共存问题,除了用制度克服嫉妒,还需要在一定程度上选择与嫉妒心妥协,利益的平等对待(如社会福利安排)就是对嫉妒心的"赎买",以维持社会合作不被摧毁。

　　自由是人的本性,但人又是社会共同体的人,必须兼顾利益平等以至社会合作不被摧毁,反映在法律制度上,就是要以自由意志平等为基础兼顾利益平等来构架现代法律体系。以合同法为例,平等主体之间的自由意志达成一致形成合同,于是就有合同法。合同法是关于自由意志平等结合的法律,照理它的法律规则应该根据自由意志平等的原则来设计,事实上,在其规则的设计中也大量兼顾了利益平等。合同作为当事人自由意志结合的产物,如果只考虑当事人之间的自由意志平等,那么,只要具备相应行为能力的当事人之间达成意思表示一致,合同就生效。但是,我们判断合同生效不仅仅考虑当事人之间的自由意志,而且要考虑当事人之间利益平衡。例如,订立合同时显失公平的合同可撤销,这其实就是利益平等的体现。某些特定的合同,还考虑到民事主体本身所携带的资源,例如格式合同,因为格式合同的拟订者多为经济上或法律上处于优势地位的强者,所以,法律为格式合同提供方增加了诸多的法律义务,这也是兼顾利益平等的另一个体现。诸如此类,不同的法律制度大体都可以通过"平等"二字的进一步细化和衍生加以理解,但平等有不同类型,这些不同类型的平等结合在一起演化出各种各样复杂的法律规则。

微课堂3：

为什么少数族裔可以优先入学

艾伦·P.巴基是一位工程师及前美国海军陆战队军官,他打算进入医学院就读但被拒绝。两次被拒绝后,巴基认为其受到不平等待遇,其中原因之一是,加州大学戴维斯分校医学院规定每100个招生名额中要有16个少数族裔学生配额,由这一政策照顾而得以入学的少数族裔学生的成绩低于巴基。既然比他成绩更差的学生能入学,为什么他不能入学呢? 于是,巴基将加州大学戴维斯分校医学院告上了州法庭。加利福尼亚州最高法院判决医学院败诉,认为其政策侵犯了白人申请者的权利,并下令接受巴基入学。加州大学不服此判决,于是,有了加州大学董事会诉巴基案,联邦最高法院之后受理了这个引起公众广泛关注的案件。

1978年6月,最高法院以5:4一票之差对巴基案作出了一个在美国宪政史上非常罕见的双重判决。由鲍威尔大法官主持宣读的判决书包括两个部分:第一部分判决加州大学设立的录取定额制度违法,加州大学医学院必须录取艾伦·P.巴基;第二部分判决加州大学有权实行一些使学生来源和校园学术环境多元化的特殊政策,在录取新生时可以把种族作为一个因素来考虑,但不能把种族作为唯一因素。

平等可以区分为自由意志平等和利益平等,最高法院主要是基于自由意志平等作出判决,因此,认可加州大学的招生自主权,有权实行一些使学生来源和校园学术环境多元化的特殊政策,可以将种族作为一个因素来考虑。而判决录取定额制度违法,认为不能把种族作为唯一因素,则是基于利益平等考虑,保证不同种族之间的机会平等。

四、在平等的基础上,结合秩序、效率、科学、传统等 原则能更好地理解现代法律制度

平等是现代法律制度的基础,不过,仅仅平等并不足以构建好的法律制度。例如,家庭法律关系就不完全由当事人自由意志的平等契约关系决定的,以血缘为基础的习俗在其中也起到了重要的作用。人需要在相对稳定的秩序条件下才能生活。因此,法律制度的设计还要考虑到秩序。人生活的最高目的是利益的满足,平等虽然是利益的源泉之一,但平等并不等于利益的满足。法律制度的设计要考虑利益的满足,追求社会利益最大化。社会利益是个人利益的总和,但并不等于个人利益,而个人利益才能为每个人所感知。因此,现代法律强调在社会利益与个人利益平衡的基础上追求社会利益最大化。任何利益的满足都要付出一定的成本,我们追求效率——成本最低收益最高,因此,利益最大化原则也被表达为效率原则。

为什么平等、秩序和效率是好的? 因为这是科学的结论。但是,科学是有局限的,科学规律最终源于归纳,归纳是从有限的事例推广到无限的定律,有限不能证明无限;归纳是以过去的事情证明未来的事情,过去不能证明未来。感官的局限性决定了经验知识的局限性,这意味着所有有待证实的科学理论的局限性。科学的局限意味着我们必须从科学的角度不断探索演化平等、秩序和效率等原则;科学的局限意味着我们必须重视传统,结合传统理解平等、秩序和效率。可见,法律制度设计的原则是综合的,除了平等这一核心原则外,还有秩序、效率、科学、传统等

原则。法律制度显然不仅仅是设计出来的,社会生活是一个不同个体的共存问题,法律规则的选择除了考虑好坏,还是社会共同体斗争、协商和选择的结果。因此,理解法律还要结合它的社会背景。如O.W.霍姆斯所言:法律展示了一个国家几个世纪以来的发展故事,它不能被视为仅仅是数学课本中的定律及推算方式。总之,通过"平等"二字可以理解现代法律的整体构架,而进一步理解具体的制度规则,还需要结合秩序、效率、科学、传统等原则以及它的社会背景。

微课堂4:
真正的法律是不用普及的

有一种观点认为真正的法律是不用普及的。例如,"欠债还钱"这种法律常识,本身就是从生活常识中提炼出来的,是几千年流传下来的交易习惯,老百姓代代相传,而不是立法者凭空制造出来的。反之,如果一项法律不是源于生活,而是凭空制造出来的,那它很可能不是真正的法律,而是对老百姓的伤害。表面上看,"真正的法律是不用普及的"似乎有道理,但稍微一思考,就会发现这荒唐至极,如果法律不用普及,为什么法律如果不学就不懂呢?

的确,真正的法律应该源自生活,源自人民的意志。平等、秩序、效率、科学、传统等都是人民向往的公共生活,是人民的意志。但是,这些本身是冲突的。人民的意志内部本身是矛盾的,法律正是各种矛盾意志综合的结果。这种综合的结果已经不是生活的原貌,不是人民通过日常生活就可以感知出来的。文本上的法律早已不是人民的意志本身,而是一种综合;而在实践中,对法律问题,也不是只有唯一的评判标准,如果是,那么就无所谓我们律师之间嘴边常常所挂的输赢了。

第二章

法理学

　　通过"法是对人民有强制约束力的权利义务规范"可以一句话理解法理学。法是对人民有强制约束力的权利义务规范,但是,人民是不能被随意强制的。法律的特征,可以从两方面理解:一是法律实际上有什么特征,即实在法意义上的特征;二是法应该有什么特征,即应然法意义上的特征。前一个问题对"法是对人民有强制约束力的权利义务规范"的进一步阐述,后一个问题是对"人民是不能被随意强制的"回答。

法理学是以整个法律现象的共同性问题为研究对象的学科。法理学不是一个法律部门,但它却是学习各个部门法的基础学科,这一学科的精髓同样可以一句话理解。学习法理学,关键在于搞清楚法是什么。法的内涵非常丰富,最具一般意义的是,法是对人民有强制约束力的权利义务规范。这句话包含三层含义:第一,法是一种规范,具有规范性;第二,法具有强制约束力;第三,法律规范的内容表现为权利义务。深入剖析"法是对人民有强制约束力的权利义务规范"所包含的三层含义,大体可以理解法理学的主要内容。法理学的研究范围十分广泛,主要包括法律的起源、发展和消亡,法律的本质和作用,法律和其他社会现象的关系,法律的创制和实现,法律的价值等。下面仅撷取部分重要内容谈谈如何一句话理解法理学。

一、法的特征

法律与其他社会现象有什么区别,法律规范与其他社会规范有什么不同,这是"法的特征"的研究内容。法的特征包括规范性、国家意志性、普遍性、强制性、程序性和可诉性六个特征。这些特征看似复杂,实则都是对"法是对人民有强制约束力的权利义务规范"的进一步阐发。法作为规范,具有规范性是自然而然的。法对人民有强制约束力,所谓强制是国家的强制,因此,它具有国家意志性和强制性。法是对人民有强制约束力的权利义务规范,强制性是法规范社会的独特方法,没有国家强制力的法律规则是一缕不发亮的光。但是,人民是不能被随意强制的。因此,法要讲求普遍性、程序性和可诉性,否则法就缺乏公信力,国家就缺乏正当性。

　　法的规范性是普遍性的前提和基础,不过,规范并不一定是普遍的。法的普遍性包含两层含义:在实在法意义上,指在国家权力所及的范围内,法具有普遍效力和约束力;在应然法意义上,它应该是一般规则。法的普遍性是法成为良法的基础。正如哈耶克所论证的,法应该是"那些对每个人都同样有效的一般规则"❶。所谓一般规则,也称为普遍规则或者抽象规则,它不为任何人或团体的具体目的服务。一个人处于哈耶克所谓的一般规则统治之下,他是自由的,不受任何人强制。现实生活中的法并不都是一般规则,因为法不仅仅要保证每个人自由,还要考虑秩序、平等等价值。但是,只有当一般规则构成法的基础,法才是良法。

　　法的程序性和可诉性,也是以法的规范性为基础。规范只是一种行为规则,当规则用于实际生活,就要体现为法律适用过程。为了保证这一过程的公信力,就要建立一套程序。而可诉性则是这一程序公信力的重要体现,可诉性包括两层含义:一是可争讼性,即任何人均可以将法律作为起诉和辩护的根据。法律必须是明确的、确定的规范,才能担当作为人们争讼标准的角色。二是可裁判性(可适用性),法律能否用于裁判是判断法律有无生命力、有无存续价值的标志。不过,规范并不都是具有程序性和可诉性。讲法律的程序性和可诉性,一是实在法意义上的理由,因为大多数现行有效的法律都具有程序性和可诉性;二是应然法意义上的理由,法律应该具有程序性和可诉性,才有正当性。

　　法律的特征,可以从两方面理解:①法律实际上有什么特征,即实在法意义上的特征;②法应该有什么特征,即应然法意义上的特征。前一个问题是对"法是对人民有强制约束力的权利义务规范"的进一步阐述,后一个问题是对"法对人民有强制约束力何以具有正当性"的回答。根据对前一个问题的回答,法具有规范性、国家意志性和强制

---

❶哈耶克.自由宪章[M].杨玉生,等,译.北京:中国社会科学出版社,2012:218.

性三大基本特征,通常还具有普遍性、程序性和可诉性特征;根据对后一个问题的回答,法应该是普遍性、程序性和可诉性。有观点认为,法的特征不包括应然性特征。事实上,这是一种偏见。法律如果不是良法,人民就不会持续地接受约束,这样法也就不成为法了。在某些分析角度下,为了得出某种特定条件下的结论,可以只分析实在法的特征,不分析应然法的特征,但是,这不意味着应然法的分析没有意义。普遍性、程序性和可诉性可以理解为实在法的特征,也可以理解为应然法的特征。法的应然性特征主要由以下两方面推导:人人平等与强制约束力。法具有强制约束力,不仅仅是法事实上的特征,还涉及法的应然特征,因为法的强制力必须具有正当性,否则,人民就可以不遵守法,法事实上的强制力也就难以持续。普遍性、程序性和可诉性正是法正当性的体现,这些特征有力地保证了法的强制力,也是实现人人平等目标的重要基础。平等意味着没有人享有特殊的待遇,也就是法律应该是普遍的。而法律规则只有应用于生活才能实现其平等价值,法的应用要确保其平等价值就需要具有程序性和可诉性。

　　关于"法的特征",有的学说重视实在法特征,有的学说重视应然法特征,它们之间的观点冲突甚至发展到势不两立的地步。如果回到"法是对人民有强制约束力的权利义务规范"这一基本事实,我们还可以看到两者是具有共通之处的。法具有强制约束力,不仅仅是法事实上的特征,还涉及法的应然特征。因为法的强制力必须具有正当性,否则,人民就可以不遵守法,法事实上的强制力也就难以持续。同样,如果只强调法的应然性,忽视事实上存在的法,也会导致理想主义和乌托邦。各种法律学说都有其内在逻辑体系,在理论可靠性方面各有优劣,不过,也不存在一种综合各种学说优点的、绝对可靠的理论。在法理学的深入学习中,我们可以皈依某种学说,但如果没有注意到"法是对人民有强制约束力的权利义务规范"这一基本事实,就很容易陷入被某种学说绑架的理论陷阱。

微课堂5：

法庭可以根据良知判决吗

1992年2月，柏林墙倒塌两年后，守墙卫兵因格·亨里奇受到了审判。在柏林墙倒塌前，27岁的他射杀了一位企图翻墙而过的20岁青年——克里斯·格夫洛伊。几十年间，在这堵"隔离人民的墙"下面，先后有300位民主德国逃亡者被射杀……亨里奇的律师辩称这些卫兵仅仅是为执行命令，别无选择，罪不在己。然而，法官西奥多·赛德尔却不这么认为："作为警察，不执行上级命令是有罪的，但打不准是无罪的。作为一个心智健全的人，此时此刻，你有把枪口抬高一厘米的主权，这是你应主动承担的良心义务。这个世界，在法律之外还有'良知'。当法律和良知冲突之时，良知是最高的行为准则，而不是法律。尊重生命，是一个放之四海而皆准的原则。"最终，卫兵亨里奇因蓄意射杀格夫洛伊被判处3年半徒刑，且不予假释。❶这个被称为"枪口抬高一厘米"的故事在中文网络世界广泛传播。后来，很多说法认为这是伪造的，其实，这个故事并非伪造，只是不完整和增加了一些戏剧化的描述。法有实在法与应然法之分。"枪口抬高一厘米"是从应然的角度理解法，"当法律和良知冲突之时，良知是最高的行为准则，而不是法律"。但是，如果只是从应然法角度理解法，将让法成为无根之理想。实际上，这个故事的真实演绎中，法官考虑的不仅仅是良知，而且是实际的法。根据两德统一条约，这些士兵在接受联邦德国司法程序的审判时，指控的依据必须是旧的民主德国法律，亦即承诺不做"政治审判"。在

---

❶熊培云.自由在高处[M].北京:新星出版社,2015:191.

1991年的审判中，"当法律和良知冲突之时，良知是最高的行为准则，而不是法律"，确实一度被法官西奥多·赛德尔所认同和主张。但案件的最终判决，其依据仍是白纸黑字的民主德国法律，而非抽象、笼统的"良知"。因格·亨里奇获刑，不是因为他没有将"枪口抬高一厘米"，而是因为其射杀行为违反了民主德国的法律（民主德国加入的《公民权利和政治权利国际公约》规定"人人有自由离开任何国家，包括其本国在内"，民主德国宪法规定公民人格和自由不可侵犯，故《边界法》关于射杀越境公民的规定违背国际公约，违宪）；之所以轻判，则是因为法庭考虑到他当时身处于一种并非能够完全遵循自我意志的环境（比如，教育、训练、军队体制不允许他们拥有独立的思想）。❶

❶ 谌旭彬. 枪口抬高一厘米，这碗鸡汤有毒[EB/OL].（2017-03-13）[2017-08-15]. http://view.news.qq.com/original/legacyintouch/d607.html.

二、法的作用与价值

　　法的作用是指法对人与人之间所形成的社会关系所发生的一种影响,可以分为规范作用和社会作用。规范作用是法对人们的意志、行为发生的直接影响,社会作用是法宏观上对社会关系的影响。法的规范作用分为五个方面:第一,指引作用,法律规范对本人行为起到了导向和引导的作用。第二,评价作用,法律具有判断、衡量他人行为是否合法或有效的评价作用。第三,预测作用,即依靠作为社会规范的法律,人们可以预先估计到他们相互之间将如何行为。第四,强制作用,法可以用来制裁、强制和约束违法犯罪行为。第五,教育作用,即通过法的实施,使法对一般人的行为产生影响,包括:①通过对违法行为人实施制裁,对包括违法者本人在内的一般人均起到警示和警诫的作用;②通过对合法行为加以保护、赞许或奖励,对一般人的行为起到表率、示范作用。法的作用可以围绕"法是对人民有强制约束力的规范"这句话加以理解,法具有规范作用,自然就会有指引、评价、预测和教育的作用,法具有强制性,自然具有强制作用。而通过对人行为的规范,自然对社会有较大影响力。一个社会除了法律规范外还有其他规范,法律规范具有强制性,它的指引、评价、预测和教育的作用相对于其他规范更加明显,它的社会作用也更有力。也正因为如此,当今大多数国家都非常强调法治。为什么要实行法治? 不仅仅在于法治通常能发挥更有力的作用,而且在于法要能带来人类社会关系所需要的好的价值——自由、正义、秩序等。

　　法具有强制约束力,我们为什么会愿意接受法的约束呢? 一个直观的原因是法具有强制性,但是,没有人自愿接受强制,人民之所以会愿意接受法的约束,还在于法对人的有用性——法的价值,是因为有价值才遵守。如果法律仅仅具有强制而不具有价值,人民可能迫于暴力不得不遵守法律,但最终必然站起来反抗法律而不是接受法律的约束。法的价值是指法律满足人类生存和需要的基本性能,即法律对人的有用性。法的价值包括两个方面:第一,是法对于个人的需要的满足;第二,是法对社会关系的价值。法对社会关系的价值,是指对人类社会关系有用性,包括自由、正义和秩序。法有价值,但并不是所有法都能对社会有用,良法才对社会有用。因此,当我们阐述法的价值时其实也是在讨论良法的判断标准。法的价值,可以有不同的表述。例如经济繁荣、社会进步也是一种表述。法直接作用于社会关系,用表达社会关系状态的自由、正义和秩序来表达,能更明确界定什么是良法。为什么可以将法的价值归纳为自由、正义和秩序呢?法对社会关系的有用性,在于它能创造这种好的社会关系模式。好的社会关系模式,可以归纳为自由、正义和秩序。秩序是指人与人之间处于相对稳定的关系状态,自由指人与人之间处于互不伤害(干涉)的状态,正义指人与人之间的利益相对均衡。自由、正义和秩序作为法的价值,它们之间其实是矛盾的,而且它们各自也不纯粹都是好的价值。绝对的秩序就背离了自由,绝对的秩序意味着社会停滞不前;绝对的自由,则可能伤害社会的秩序,也可能带来严重贫富分化,伤害了正义;绝对的正义也必然伤害人的自由,进而让社会停滞不前,也可能冲击某些惯常的秩序。良法的价值标准应该是秩序、自由和正义诸价值的和谐。从历史发展看,法的价值先是以秩序为主,专制社会的法优先强调就是统治秩序,到了自由资本主义时期,自由成为最优先的价值,20世纪以来,正义在法的价值中位阶有提高的趋势。从整个社会普遍长远的利益看,自由价值最优先,自由代表最本质的人性需要,最能焕发社会活力,其次是正义,最后才是秩序,秩序应该是自由与正义的秩序。不过,在某些特定时期,正义或者秩序应该优先于自由,例如战争状态下,秩序则处于优先地位。

自由、正义和秩序是法的价值的重要标准,但并不是唯一标准。它们只是从社会关系模式谈法的价值,能给人们带来直接满足的是利益,而非特定的社会关系。1793年2月12日法国资产阶级革命后期,一个代表巴黎48个区的代表团来到国会提出的一个严正要求:"仅仅宣布我们是法兰西共和派是不够的,还应该为民造福,应该有面包,因为没有面包就没有法律,没有自由,没有共和国。"❶社会关系只是为人们的利益满足提供一个良好的环境,并不意味着利益必然能得到满足。从这一角度看,社会利益最大化,或者说效率❷,是衡量法的价值更直接的标准。但是,效率这个直接标准也是有缺陷的。社会利益是"所有个人利益的总和"。从个人利益角度看,人的利益需求是没有止境的,正如萨瓦特尔所描述的:"最开始的时候,我们居住在岩石下,后来我们住在山洞里,接着我们在树冠上安家,再后来呢,我们就开始修筑围栏、堡垒和摩天大楼。""我们满足了需求之后才开始思量怎样才能更多地、更好地满足欲求。""我们即便得偿夙愿,心中依旧不能感到慰藉和平静,反倒是更加惴惴不安,摆脱不了更多和更好的狂热,无穷无尽的更多和更好。"❸人的需求没有止境的,这是人类生活的美妙之处,也是人类的问题所在——"人类的问题是不知道自己渴求什么"❹,从这个意义上看,作为个人利益总和的社会利益在相当程度上也是不可捉摸的。从社会利益角度看,"价值确实归根到底是属于个体的,只

---

❶索布尔.法国大革命史[M].马胜利,等,译.北京:中国社会科学出版社,1987:225.

❷效率是指最有效使用社会资源以满足人类的愿望和需要,因此,利益最大化可以理解为效率。

❸萨瓦特尔.政治学的邀请[M].魏然,译.北京:北京大学出版社,2014:92-93.

❹同❸93.

能为个人拥有;集体不存在生命,因而在严格意义上看无所谓价值"[1]。著名的阿罗不可能定理也是这方面的一个典型论证。阿罗在兰德公司任职时,他的同事赫尔墨将对策论应用于国家关系的研究,但是有个问题令他感到十分棘手:当将局中人诠释为国家时,尽管个人的偏好是足够清楚的,但是由个人组成的集体的偏好是如何定义的呢?当阿罗开始去推理时,他才发现这个问题无解,正如他此前的发现一样:"少数服从多数"的排序规则通常无法将个人的偏好加总为社会的偏好。经过公理化的推导,他证明了后来被称为"阿罗不可能定理"的发现:如果众多的社会成员具有不同的偏好,而社会又有多种备选方案,那么在少数服从多数的选择机制下不可能得到令所有人都满意的结果。阿罗不可能定理说明,依靠简单多数的投票原则,要在各种个人偏好中选择出一个共同一致的顺序,是不可能的。个人偏好无法汇聚成社会的需要和偏好,社会福利函数并不存在,社会价值(社会利益)只是一个虚构概念,这个虚构的概念只能在某些方面近似代表"所有个人利益的总和",不可能真正代表"所有个人利益的总和"。社会利益是衡量法的价值更直接的标准,但是,因为本身的主观性和不可归纳性,其作为法的价值的衡量标准有很大的局限。相对而言,自由、正义和秩序作为人与人之间社会关系模式更具有客观性,但是,自由、正义和秩序并不能带来直接的满足,其作为衡量法的价值的标准也同样有很大的局限。自由、正义和秩序表达的是社会关系的概念,社会利益最大化表达人们利益的满足,是两个完全不同的对象,但是,将两者结合起来可以帮助我们进一步认识法的价值。自由、正义和秩序都是法的价值,哪个价值更重要呢? 如何处理它们之间的关系呢? 我们可以说,自由代表更根本的需求,所以更重要,自由最优。但是,何为根本需求,什么条件下自由最优,对很多人来说,是一个说不清、道不明的问题。相应地,如果结合社会利益最大化的概念来理解可能会更清

---

[1] 张千帆. 宪政原理[M]. 北京:法律出版社,2011:82.

楚,从整个社会普遍长远利益看,自由最根本,自由价值优先,社会法律制度设计应该是自由的,正义是自由之下的正义,秩序是自由之下的秩序。但是,普遍并不等于全部,普遍的好并不等于每个人都好,人总是要死的,长远的好并不等于我就享受到,自由既然只是针对普遍和长远的好,因此,它需要对正义和秩序作出一定的妥协,在某些条件下舍自由而取正义和秩序。

与效率相对应的,另一种从人的本身衡量法的价值的标准是人权。人权是指每个人作为人应该享有的权利。法国著名法学家卡雷尔·瓦萨克最先提出"三代人权"论,目前已经被许多国家的人权学者认可。根据瓦萨克的观点,第一代人权形成于美国和法国大革命时期,指公民免受他人专横侵害的自由和政治权利;第二代人权以生存权为本位,其主题是要求国家采取积极行动,保障公民的"经济、社会、文化权利",称为"积极权利";第三代人权是"集体权利",包括民族生存权、发展权和民族自决权等集体权利,以及涉及人类共同生存、发展所依赖的和平权、环境权与发展权。集体权利是以民族为主体的权利,作为集体人权义务主体的第三者只能是别的民族和国家,性质上属于国际法领域的范畴。❶以人权作为法的价值的衡量标准,作为人权的体现和保障的法是良法,反之则是恶法。

自由、正义、秩序、效率和人权,都是从法的实质内容讨论法的价值。与此相对应的另一种讨论法的价值的思路是从法的形式来探讨。在哈耶克看来,当普遍规则(也称为一般规则或者抽象规则)构成法的基础时,法才有价值。法的普遍性进一步延展开来,包括这样一些特性:①法律面前人人平等,法必须普遍地应用到社会上的每个人,人人皆服从于法,违法都可以被审判;②法律不能溯及既往;③法律条文必

---

　　❶少数民族和种族的权利、妇女儿童的权利、残疾人的权利、消费者的权利等不应视为集体人权,这些群体权利最终总要落实到个人头上,实际上是一种特殊的个人权利,是第二代人权。

须明确，不模糊，不能存在内部矛盾，不能朝令夕改；④法律必须透明，包括制定过程透明，制定之后必须公示出来，为大众所知晓。

自由、正义、秩序、效率、人权和普遍规则，从研究方法角度看，是通过超历史、超时空和高度抽象的人性假设来论证法的价值。与此相对应的研究方法，是历史主义的研究方法。历史主义认为，历史是发展变化的，而且在不同地区有不同呈现，因此，不能脱离当时当地的历史条件去观察生活，所有价值和观念只对特定的时代、民族和地域有效。在历史主义看来，法的价值必定是历史的和地方性的，抽象、一般的法的价值规则是不存在的。保守主义是历史主义研究方法的一个典型，在保守主义看来，法的价值在于保守传统，当然，并不是所有的传统都是法的价值所在，只有那些自由的传统才是法的价值所在。

综上所述，法的价值可以解释为：自由、正义、秩序、效率、人权、普遍规则、传统等不同的价值尺度。所有的这些价值尺度都可以围绕"法是对人民有强制约束力的权利义务规范"加以理解，法是人的规范，自由、正义、秩序、效率、人权、普遍规则、传统是人的价值所在，相应地，法的价值也体现为这样一些内容。所有的这些价值尺度也可以通过"人人平等"这一法律总目标得到理解。平等包含自由意志平等和利益平等，自由、正义和秩序价值系列中，自由与正义就是平等价值的体现，效率价值系列中，平等特别是自由意志平等是效率的重要前提，人权也是以人人有同样（平等）的权利为基础，普遍规则是人人平等适用的规则，传统也不是所有的传统，而是那些能够保存自由的传统。可见，法的价值尽管可以有不同理解，但是，核心仍然是人人平等这一原则。当然，人人平等并不是法律唯一价值，除了人人平等这一核心规则外，法律规则的具体设计通常还考虑到秩序、效率、人权、普遍规则、传统等原则，只有把这些原则结合起来，才能更好地理解法律。

微课堂6：

孔子为什么批评子贡

春秋时，鲁国规定：无论谁在别国发现鲁国人做了奴隶，可以花钱将他赎回来，政府将给予补偿。孔子的弟子子贡出国游历，见到一个鲁国籍的奴隶，便自己出钱将他赎了回来。但子贡赎了人却不愿接受国家报销的赎金，一时在鲁国被传为佳话。孔子的另一弟子子路救起一名落水者，那人为了表示感谢，送了子路一头牛，子路欣然收下了。

子贡赎人而不肯要按照法律应得的奖金，孔子听说这件事以后，严厉地批评了子贡的行为，也批评政府的做法，说：从此不会再有人替鲁国人赎身了。子路救人后欣然接受了别人送给他的牛，孔子知道后很高兴，说：从此这样的救人的事情会更多。

子贡的行为是无私奉献，子路接受赠牛是施恩图报，但是，孔子为什么批评子贡而表扬子路呢？显然，孔子是考虑到社会的长久秩序。原来鲁国的法律让行善举的人不会受到损失，而且得到国家奖励，长此以往，愿意做善事的人就会越来越多，是善法。而子贡的所作所为，固然让他赢得了更高的赞扬，但是同时也拔高了人民对"爱心"的要求。往后，那些赎人之后去向国家要钱的人，不但可能再也得不到大家的称赞，甚至可能会被国人嘲笑，责问他们为什么不能像子贡一样为国分忧。子贡此举把"爱心"和"个人的利益"对立起来了，所以，直接看是善事，长久而言，反而有可能造成恶的结果。这一点对法律价值也有启发，法律是普遍规则，追求的是社会的长久秩序，如果将无私的爱视为法的价值，拔高了人民对"爱心"的要求，也有可能造成恶的结果。因此,法律价值包括自由、正义、秩序等,但是,并没有要求人们像子贡那样展示他无私的爱心,如果法律强制人们无私的爱,这样的法律就是恶法。

　　法的社会作用，有正面也有负面，法的价值就是正面作用的体现。不过，不管是正面作用还是负面作用，法都不是万能的，法有它的局限性。法律应该是普遍的、一般的、抽象的，但是，案件是个别的、具体的，一般适用于个别，可能导致个案不正义；法律应该是不溯及既往的，这样可能导致立法空白或漏洞；法律应该是稳定的，不能朝令夕改，但社会是变化的，这样可能导致法律滞后；法律条文必须明确，但是，表达法律的语言却是多义，这可能导致法的不确定；法律是强制性的，但有些社会关系不适合由强制力来调整，如情感关系、友谊关系等。法的这些局限性可以围绕"法是对人民有强制约束力的权利义务规范"加以理解。法是对人民有约束力的规范，它的调整目标是人民的行为，试图把所有人的行为纳入调整的对象，它应该是普遍、稳定、明确以及不溯及既往。但是，人的行为又是个体的，人与人之间的行为是各不相同的，这种普遍与个别的矛盾就是法的局限性所在。法是有强制力的规范，但是，强制必然也有其副作用，从这个意义上讲，法的作用应该是有限的，否则会破坏社会的秩序。法的价值包括自由、正义、秩序，但是，这并不意味着以"自由、正义、秩序"为价值内核的法，就能构建自由、正义、秩序的社会，一方面，法只是社会制度一个环节而已；另一方面，法本身也有其局限性，即使是良法也有它的局限性。学习法律要注意它的局限性。

三、法的要素

　　法是一种规范，这种规范进一步剖开有什么呢？这是"法的要素"

所研究的内容。法的要素通常有两种表达方式：一种是将法的要素区分为概念、规则和原则；一种是将法的要素区分为权利和义务。

　　为什么将法的要素区分为概念、规则和原则？这可以通过法的规范特性来理解。规范必须用语词来表达，对于语词含义的界定就是概念，所有法律规范都需要概念，概念是法律的基础。在法律中，一部分语词的概念通过下定义来明确，大部分语词则是采用日常生活含义，不另作定义。在概念的基础上，规范根据它的完整性可进一步区分为法律规则和法律原则。为什么要区分为规则和原则呢？这跟法的强制性有关，法要具有明确的强制性必须体现为规则，但是，纯粹的规则又会让法律强制性过于僵硬，因此，又要引入原则。法律规则包括：①假定条件，是指一个法律规则中关于该法律规则适用情况的部分，包括法在什么地方、什么情况下和对什么人适用；②行为模式，是指一个法律规则中规定人们具体行为的部分，包括可为模式、应为模式和勿为模式；③法律后果，是指法律规则中行为人的行为符合或不符合行为模式的要求时，行为人在法律上所得到的评价或应承担的后果，包括肯定或者否定的评价和后果。法律规则由假定条件、行为模式和法律后果三部分构成。其特点是内容明确具体。相对而言，法律原则不预先设定明确的、具体的假定条件，更没有设定明确的法律后果。它只对行为或裁判设定一些概括性的要求或标准，为法官的自由裁量留下了一定的余地。法律规则因为其内容具体明确，只适用于某一类行为，而且只能以"全有或全无的方式"应用于个案当中：如果一条规则所规定的事实是既定的，或者这条规则是有效的，在这种情况下，必须接受该规则所提供的解决办法；或者该规则是无效的，在这种情况下，该规则对裁决不起任何作用。法律原则是对从社会生活或社会关系中概括出来的某一类行为、某一法律部门甚或全部法律体系均通用的价值准则,具有宏观的指导性,适用范围比法律规则宽广,也不以全有或全无之方式应用于个案。不同的法律原则具有不同的强度,而这些不同强度的甚至冲突的原则可能存在于一部法律之中。将法律规范区分为概念、规则和原则,可以在一定程度上克服法律的局限。概念以及规则的明确可以增强法律的确定性;原则的引入可以在一定程度上解决"个案不正义,立法空白或漏洞,以及法律滞后"的问题。不过,法律原则的引入是一把双刃剑,也可能冲击法的确定性。为了保障法律的客观性和确定性,必须对法律原则的适用设定严格的条件。具体来讲,法律原则的适用必须符合下列条件:①"穷尽法律规则,方得适用法律原则。"这个条件要求,在有具体的法律规则可供适用时,不得直接适用法律原则。在通常情况下,法律适用的基本要求是:有规则依规则,若不穷尽规则的适用就不应适用法律原则。当出现无法律规则可以适用的情况下,法律原则才可以作为弥补"规则漏洞"的手段发生作用。②"法律原则不得径行适用,除非旨在实现个案正义"。这个条件要求,如果某个法律规则适用于某个具体案件,没有产生极端的人们不可容忍的不正义的裁判结果,法官就不得轻易舍弃法律规则而直接适用法律原则。在通常情况下,适用法律规则不至于要进行本身的正确性审查,但如适用法律规则可能导致个案的极端不公正的后果,那么,此时就需要对法律规则的正确性进行实质审查,首先通过立法手段,其次通过法官之"法律续造"的技术和方法选择法律原则作为适用的标准。③"若无更强理由,不适用法律原则"。在判断何种规则在何时及何种情况下极端违背正义,其实难度很大,法律原则必须为适用上述第二个条件提出比适用原法律规则更强的理由,否则上述第二个条件就难以成立。

微课堂7：

一个适用法律原则判案的典型案例

泸州遗产继承纠纷案是我国少有的直接运用法律原则判决的案例。

被告蒋伦芳与丈夫黄永彬于1963年结婚。1996年，黄永彬认识了原告张学英，并与张同居。2001年4月22日，黄患肝癌去世，在办丧事时，张当众拿出黄生前的遗嘱，称她与黄是朋友，黄对其财产作出了明确的处理，其中一部分指定由蒋继承，另一部分总值约6万元的遗产遗赠给她，此遗嘱经公证机关于4月20日公证。遗嘱生效后，蒋却控制全部遗产。张认为，蒋的行为侵害了她的合法权益，按照《中华人民共和国继承法》（以下简称《继承法》）等有关法律规定，请求法院判令蒋给付遗产。法院认为，该遗嘱虽是遗赠人黄永彬的真实意思的表示且形式上合法，但在实质赠与财产的内容上存在违法之处：黄的住房补助金、公积金及一套住房属夫妻共同财产，而黄未经蒋的同意，单独对夫妻共同财产进行处理，侵犯了蒋的合法权益，其无权处分部分应属无效。且黄在认识张后，长期与张非法同居，其行为违反了《中华人民共和国婚姻法》（以下简称《婚姻法》）有关规定，而黄在此条件下立遗嘱，是一种违反公共秩序、违反法律的行为。故该院依据《中华人民共和国民法通则》（以下简称《民法通则》）第七条（公序良俗原则）的规定判决，驳回原告张学英获得遗赠财产的诉讼请求。

本案一审和二审都适用《民法通则》第七条的规定"民事活动应当尊重社会公德。不得损害社会公共利益"，也即民法上的"公序良俗"。法律原则的适用有严格的条件，本案法律原则的适用是否得当，至今在法学界有着颇多的争议。

　　法律要素另一种区分是权利和义务。为什么将法的要素区分为权利和义务？权利是法律对主体能够作出或不作出一定行为，并要求他人相应作出或不作出一定行为的许可；义务，与权利对应，是法律规定的对法律关系主体必须作出一定行为或不得作出一定行为的约束。权利和义务的区分是法律成熟的标志，权利和义务浑然一体，法的强制约束力就很难为人民所信服，法也就很难发挥其作用。早期法律主要是义务性规范，近代法律革命以来，权利被提到与义务同等重要的地位。从数量上看，权利与义务的总量是相等的。权利、义务和规则的基础是人人平等。根据人人平等，法律规范包含三部分：人与人之间的平等规范，国家对人的不平等规范，人对国家的不平等规范，其中后两者之间要达到平衡。人人平等体现为权利义务规则，则为：①在平等人之间，一个人的权利以不伤害他人权利的义务为界，一个人的义务仅限于不伤害他人权利（或者伤害后的赔偿义务）。如《人权宣言》所言：自由是指能从事一切无害于他人的行为。也就是说，不伤害他人的行为就是自由（权利），就不是一个人的义务。②在国家与人之间，国家对人的不平等就是国家对人有强制管理的权利，人有服从国家的义务；人对国家的不平等就是人对国家有制约管理的权利，国家有服从人的义务。两者之间达到平衡，从而实现人人平等。

四、法的渊源

　　法的渊源，是指国家制定或认可的法的各种具体表现形式。法律初学者常对此感到困惑，从字面上看，渊源即来源，法的来源有历史来源、理论来源、物质来源等,为什么教科书通常将法的渊源定义为法的表现形式呢? 这涉及中西方法学著述对法的渊源的一个约定俗成的界定,即法的渊源是指法的效力来源。具有法约束力的规范的来源,如制定法、判例、习惯、法理等,这些来源就是法的各种具体表现形式。"法是对人民有强制约束力的权利义务规范"这句话包含的三层含义中,强制约束力是最突出、最直接的特点。于是,法的渊源被视为具有法约束力的规范的来源——法的各种具体表现形式,也就成了约定俗成的界定。在很多教科书中,当代中国法的渊源通常被界定为各种制定法,包括宪法、法律、行政法规、地方性法规、特别行政区的法律法规、规章、国际条约、国际惯例等。事实上,在当代中国的法律实践中,习惯、判例、法理、政策等有时也被作为非正式的法律渊源纳入法律决定过程中。法律问题包罗万象,制定法本身不可能为法律问题的解决提供足够的支撑,实践中常常要依靠习惯、判例、法理、政策等。《中华人民共和国民法总则》(以下简称《民法总则》)第十条规定:"处理民事纠纷,应当依照法律;法律没有规定的,可以适用习惯,但是不得违背公序良俗。"这表明习惯可以作为处理民事纠纷的法律渊源,而公序良俗本身就包含法理的含义,说明法理也可以视为法律渊源。原《民法通则》第六条规定:"民事活动必须遵守法律,法律没有规定的,应当遵守政策。"《民法总则》删除了这一条文。同样的,判例作为渊源也没有法律上明文规定。不过,当法官找不到正式法律渊源作为直接的合法性依据时,他们也会依靠包括判例、政策等在内的非正式法律渊源寻找间接的合法性基础。可见,在实践中,判例、政策仍然有其法律渊源的价值。

五、法律部门

法律部门，又称为部门法，是根据一定的标准和原则，按照法律规范自身的不同性质，调整社会关系的不同领域和不同方法等所划分的同类法律规范的总和。法律部门的划分标准包括调整对象和调整方法。所谓调整本质上就是约束。"法是对人民有强制约束力的权利义务规范"，法律部门的区分就是对人民有约束力的规范的区分。法律部门通常被区分为宪法、民商法、行政法、经济法、社会法、刑法、诉讼与非诉讼程序法、国际法等，为什么做这样的区分呢？法律是对人民有约束力的规范，法凭什么约束人民呢？现代社会的基本假设是人人自由平等。人人自由平等是一种应然状态，需要在国家共同体内实现，如果没有国家，就会陷入丛林战争状态。于是，人民授予一部分权利给国家，由国家来管控人民之间的关系。这样，社会分为两种关系，人与人之间的平等关系，人与国家之间的不平等关系。一方面，国家拥有公权力，国家可以管理人，另一方面，主权在民，人可以管理国家。民商法规范的是平等人之间的关系；行政法、刑法规范的主要是国家管理人的关系❶；宪法主要规范的是人管理国家的关系，目的是主权在民。经济法、社会法是民商法与行政法的结合体，既有平等关系又有管理关系。民商法、行政法、刑法、宪法、经济法、社会法等实体法，只规定人与人、人与国家是怎样的规范关系，而要将这些规范应用于社会生活，如果各方没有争议，这应该是一个很自然的过程，如果各方之间有争议，则需要某种居中裁决的程序来处理，诉讼法、仲裁法就是这样的程序法。

---

❶当然，行政法、刑法并不纯粹是国家管人的关系，也是人权保障法，包含以人权制约国家权力的内容。

微课堂8：

还没讲完，老婆就睡着了

这是一个流传甚广的段子。"老公，我睡不着，给我讲个故事吧。"老公："好吧。很久以前，有个青年，在检察院工作，有一年，他决定参加司法考试。他考了法理学、法制史、宪法、经济法、国际法、国际私法、国际经济法、刑法、刑事诉讼法、行政法、行政诉讼法、民法、商法……"还没讲完，老婆就睡着了。第二天，老婆又失眠了，于是老公说："民法包括：物权法、担保法、合同法、侵权责任法、婚姻法、继承法、收养法……"一科还没说完，老婆又睡着了……

的确，如果没有搞清各法律部门划分的逻辑关系，法律的学习就是催眠曲。现代法律部门的划分是基于人人平等的假设，人人平等需要在国家公权力管理下才能实现，于是，人与人之间的平等关系，人与国家之间的不平等关系，各种法律部门都是源于这样的基础，抓住这一核心点，就不难厘清法律部门的划分逻辑。要让法律学习不成为催眠曲，得紧紧抓住人人平等这一关键点。

六、法的效力

　　法的效力，即法律的约束力，指人们应当按照法律规定的那样行为，必须服从法律。法的效力分为规范性法律文件的效力和非规范性法律文件的效力。规范性法律文件的效力，也叫狭义的法的效力，即指法律的生效范围或适用范围。非规范性法律文件的效力，指判决书、裁定书、逮捕证、许可证、合同等的法律效力。这些经过法定程序形成的文件也具有法律约束力，任何人不得违反。但是，非规范性法律文件是适用法律的结果而不是法律本身，不具有普遍约束力。法理学讨论法的效力通常只讨论规范性法律文件的效力。规范性法律文件的效力可以分为四种，即对人效力、对事效力、空间效力和时间效力。这些效力都可以结合"法是对人民有强制约束力的权利义务规范"加以理解。人是在一定时间、空间下做事的人，自然而然地，法律的效力可以区分为对人效力、对事效力、空间效力和时间效力。

　　法律对人的效力，是指法律对谁有效力，适用于哪些人。在世界各国的法律实践中先后采用过四种对人的效力的原则：①属人主义，即法律只适用于本国公民，不论其身在国内还是国外，非本国公民即使身在该国领域内也不适用。②属地主义，法律适用于该国管辖地区内的所有人，不论是否是本国公民，都受法律约束和法律保护，本国公民不在本国，则不受本国法律的约束和保护。③保护主义，即以维护本国利益作为是否适用本国法律的依据，任何侵害了本国利益的人，不论其国籍和所在地域，都要受该国法律的追究。④以属地主义为主，与属人主义、保护主义相结合。我国采用的是第四种原则，这也是近代以来多数国家都采用的原则，这与法律强制约束力有很大关系。法律强制约束力要得以实现，必须以属地主义为主，而要保护以及约束其人民，又得兼顾属人主义、保护主义。

法律的空间效力，即法律发生效力的地域范围，是指法律在哪些地域有效力，适用于哪些地区。通常有三种空间效力范围：第一，有的法在全国范围内有效，即在一国主权所及全部领域有效，包括属于主权范围的全部领陆、领空、领水，也包括该国驻外使馆和在境外航行的飞机或停泊在境外的船舶。第二，有的法在一国之内的特定区域内有效。第三，有的法具有域外效力，如涉及民事、贸易和婚姻家庭的法律。一国法的域外效力范围，由国家之间的条约加以确定，或由法本身明文规定。法的空间效力范围与法的形式、效力等级、调整对象或内容等因素有关，这是"法作为对人民有强制约束力的权利义务规范"本身复杂性的体现。

法律的时间效力，指法律何时生效、何时终止效力以及法律对其生效以前的事件和行为有无溯及力。我国目前有关法律溯及既往的原则的规定，一般采用"不溯及既往"的原则，只有在某些新法处罚更轻的刑事法律和某些有关民事权利的法律中，法律有溯及力。法律具有强制力，如果溯及既往，以今天规则要求昨天的行为，显得不公正，通常只有那些对被强制者有利的法才具有溯及力。

七、法律关系

法律关系是在法律规范调整社会关系的过程中所形成的人们之

间权利与义务的关系。法律关系是法律规范的内容(行为模式及其后果)在现实社会生活中得到具体的贯彻,法律是一种权利义务规范,法律关系自然是权利义务关系。法律关系不同于法律规范调整或保护的社会关系本身,是一种思想关系,是人们将法律关系应用于现实社会关系的观念成果。权利义务表现为一定主体的权利义务,也必然指向一定对象,因此,法律关系由法律关系主体、法律关系内容(权利义务)和法律关系客体(权利和义务所指向的对象)三要素构成。

法律作为规范,本身并不直接导致具体的法律关系的产生、变更或消灭,只是为这种关系的产生、变更或消灭提供了一种模式。只有当作为法律规范适用条件的法律事实出现时,才引起具体的法律关系的产生、变更和消灭。依是否以人们的意志为转移作标准,可以将法律事实大体上分为两类,即法律事件和法律行为。事件是法律规范规定的、不以当事人的意志力为转移而引起法律关系形成、变更或消灭的客观事实。事件又分为社会事件和自然事件两种。前者如社会革命、战争等,后者如人的生老病死、自然灾害等,这两种事件对于特定的法律关系主体(当事人)而言,都是不可避免的,是不以其意志为转移的。行为是指以法律关系主体意志为转移,能够引起法律后果,即引起法律关系形成、变更和消灭的人们有意识的活动,是引起法律关系形成、变更和消灭的最普遍的法律事实。

八、法律责任

法律责任是指因违反了法定义务或契约义务,由行为人承担的不利后果。根据人人平等的权利义务规则，一个人的义务仅限于不伤害他人权利，一个人的责任仅限于违反义务的责任。违反义务其实就是伤害他人的权利，责任的程度应与其造成的伤害相称。明确了这一点，法律责任归责原则和免责原则就比较清楚了。法律责任的归责原则包括：责任法定原则、因果联系原则、责任相称原则、责任自负原则。责任法定是法律责任本来就应该有的含义，否则就不是法律责任，当然，也不排除一些国家在某些时候将法律责任扩大到法律规定以外，但这大大损害了法律正当性，这样的行为显然是不正当的。因果联系原则、责任自负原则，表明一个人仅对其造成的伤害负责，无伤害不负责，非自己的伤害也不负责。责任相称原则表明一个人的责任程度应与其造成的伤害相称。免责是指行为人实施了违法行为，应当承担法律责任，但由于法律的特别规定，可以部分或全部免除其法律责任，即不实际承担法律责任。免责的条件和方式包括：时效免责；不诉免责；自首、立功免责；有效补救免责❶；协议免责或意定免责❷；自助免责❸；人道主义免责❹。为什么有法律责任却可以免责呢？这同样可以结合"人人平等的权利义务规则"加以理解，一方的责任（义务）相当于另一方的权利，不诉免责、协议免责或意定免责其实就是因为对方选择不追究责任而免责，是人自由意志的延伸。其他免责制度则是将"人人平等的权利义务规则"放在整体的社会互动关系中理解的结果，人是

❶即对于那些实施违法行为，造成一定损害，但在国家机关归责之前采取及时补救措施的人，免除其部分或全部责任。

❷双方当事人在法律允许的范围内通过协商所达成的免责，即所谓"私了"。

❸自助免责是对自助行为所引起的法律责任的减轻或免除。所谓自助行为是指权利人为保护自己的权利，在情势紧迫而又不能及时请求国家机关予以救助的情况下，对他人的财产或自由施加扣押、拘束或其他相应措施，而为法律或公共道德所认可的行为。

❹在权利相对人没有能力履行责任或全部责任的情况下，有关的国家机关或权利主体可以出于人道主义考虑，免除或部分免除有责主体的法律责任。

社会动物,个人的互动自然会影响到整体的社会互动,某些伤害他人的行为考虑到整体的社会效果而免责。

一个人的责任应与其造成的伤害相称。相称指的是什么呢?一个人伤害了他人的自由,一方面,他应该赔偿受害者,赔偿多少呢?赔偿过多,损害了其自身的自由,赔偿不足,不足以弥补受害者的损失。从对受害者赔偿的角度看,相称指的是与受害者的损失相称。对受害者的赔偿通常由民法规范,因此,民事责任的基本原则是损失赔偿。另一方面,作为社会整体而言,社会也需要预防伤害他人自由的事情的发生,预防意味着可能需要惩罚施害者,惩罚程度又应如何相称呢?惩罚伤害了施害者的自由,而收益则是对社会整体而言的。为了公共利益而限制个人自由应符合比例原则,在运用公权力惩罚实现预防目的时,要尽可能减少对公民权利的限制。对施害者的惩罚的一个主要法律部门是刑法,刑法不得已原则、罪刑法定和罪责刑相适应都包含比例原则。行为人违反了法定义务或契约义务,必须承担法律责任,这责任包括对受害者的责任(民事责任),也可能包括破坏社会秩序的责任(行政或者刑事责任)。当行为人的财产不足以承担以上两项责任时,民事责任优先,如《民法总则》第一百八十七条规定:"民事主体因同一行为应当承担民事责任、行政责任和刑事责任的,承担行政责任或者刑事责任不影响承担民事责任;民事主体的财产不足以支付的,优先用于承担民事责任。"

九、法律运行

立法指特定国家机关依据法定职权和程序,制定、修改和废止法律和其他规范性文件及认可法律的活动。立法的原则包括：宪法原则、法治原则、民主原则和科学原则。为什么立法应该坚持这样的原则呢？这可以从法的强制约束力得到理解，法律如果不是良法，人民就不会持续地接受约束。法律如何成为良法？首先，宪法原则。宪法作为民主国家的根本法，是法律成为良法的重要保证。其次，法治原则。即一切立法权的存在和行使都应当有法的根据。遵循程序性、普遍性和可诉性的法显然优于人的意志，坚持法治而不是人治更能保证法是良法。再次，民主原则。相对而言，民主更能体现人民意志，有助于法成为良法。最后，科学原则。宪法、法治和民主是保证法成为良法的重要手段，但都有其局限性，因此，立法还需要强调科学原则。当然，科学原则本身也有局限性，由于人类认识能力所限，并不存在绝对正确的科学观点，只存在一定时期相对可靠的科学观点，因此，单纯的科学原则也不足以保证良法，需要其他原则相互补充。

法的实施，是指法在社会生活中被人们实际施行。徒法不足以自行，法最终由人实施。根据法的实施主体和内容，法的实施包括法的执行、法的适用和法的遵守。法由国家强制力保证实施，国家实施法律包括法的执行和法的适用。法的执行指国家行政机关及其公职人员依照法定职权和实施法律的活动；法的适用指国家司法机关根据法定职权和法定程序，具体应用法律处理案件的专门活动。为什么国家实施法律要区分为法的执行与法的适用呢？人的认识能力有限，国家也不例外，人是自利的，组成国家工作人员也无法克服自利，因此，分权制衡是现代国家权力结构的基本准则。将国家实施法律区分为法的执行与法的适用并相互制约，在一定程度上保证了法的实施的正当性。

法的遵守，指全体社会成员以法律规定的行为模式作为自己的行为准则,在实际生活中行使权利、履行义务。法的遵守包括积极守法与消极守法。积极守法,即社会成员依据法律规定,积极地行使自己的权利;消极守法,即社会成员依据法律规定履行义务,不为法律所禁止的行为,或为法律所要求的行为。权利的特点是可以放弃,因此,很多人可能迫于积极行使权利的成本放弃积极行使自己的权利——积极守法。不过,积极守法与消极守法是相互促成的关系,积极主张权利的人少了,依据法律规定履行义务的人也可能会相应减少,整个社会法律实施的水准就会相应降低。人人平等,不仅仅体现在权利义务设定上的平等,也体现为每个人积极行使权利。只有这样,人人平等才不会只是停留在纸上。

　　法律解释是指一定的人或组织对法律规定意义的说明与阐述。法为什么要解释呢?这是法的规范特性所决定的。法律作为抽象的规范,当它适用于具体的法律事实时,必须经过理解,不管国家机关执行和适用法律,还是社会成员遵守法律,都存在理解法律的过程。不同人对法律的理解可能各不相同,于是,面对法律理解的分歧需要解释。法律解释可分为学理解释和有权解释,其中有权解释又可以分为立法解释、司法解释和行政解释。有权解释具有法律约束力,但并不一定具有正当性。如何让法的解释具有正当性呢?这涉及法律解释的方法。法律解释的方法包括:文义解释、体系解释、立法目的解释、历史解释、比较解释和客观目的解释。文义解释,是指对法律条文的语法结构、文字排列和标点符号等进行分析,以便阐明法律的内容和含义。体系解释是指分析某一法律规范在整个法律体系和所属法律部门中的地位和作用,来揭示其内容和含义。立法目的解释是指从制定某一法律的目的来解释法律。文义解释、体系解释和立法目的解释是使法律使用者在做法律决定时严格受制于制定法。相对于其他解释方法,这三种解释方法使法律适用的确定性和可预测性得到保证。历史解释是指通过对法律文件制定的时间、地点、条件等历史背景材料的研究来阐明法律规范的内容和含义。比较解释是通过将这一法律与历史上同类法律规范进行比较研究来解释法律。历史解释和比较解释容许法律适用者在做法律决定时可以参酌历史法律经验和其他国家或社会的法律经验。客观目的解释,是根据法的客观目的而不是根据过去和目前事实上存在着的任何个人目的,对法律规定进行解释。客观目的解释可以使法律决定与特定社会的伦理与道德相一致,从而使法律决定具有最大可能的正当性。不同解释方法在法律解释过程中考虑的因素或提出问题的视角各不相同,这样对同一个法律规定进行解释可能会得出完全不同的解释结果,因此,需要在各种法律解释之间确立一个位阶关系。现在大部分法学家都认可下列位阶:文义解释——体系解释——立法目的解释——历史解释——比较解释——客观目的解释。为什么要采用这样的优先顺序呢?这主要是良法的特征决定的。良法的规范特征,包括普遍性、程序性和可诉性;良法的内在价值,包括自由、正义、秩序等。自由、正义、秩序等内在价值有更多的分歧和争议,因此,良法的规范特征优于价值特征,表现在法律解释上,源于规范本身的解释优于基于价值的解释。不过,上述位阶关系是相对的,不是绝对的,在具体案件中可能会有所不同。在一些有争议的法律问题上,解释者往往同时使用多种方法。但是,法律人在推翻上述位阶所确定的各种方法之间优先性关系时,必须要予以充分论证,即只有存在更强理由的情况下,法律人才可以推翻那些优先性关系。

微课堂9：

经典是死文字，
需要人来解释

有一个非常有趣的佛学公案，佛祖释迦牟尼在世传道49年，即将涅槃时，魔王波旬对佛祖说：你圆寂后，我一定要破坏你的佛法。佛说了一堆他留存经典、建制律法、教化僧宝的话。魔王波旬听后说：经典是死文字，需要人来解释；僧宝要培育新人，人则是良莠不齐的；直至末法时期，魔王会叫徒子徒孙混入僧宝内，穿袈裟，曲解经典，破坏戒律，破坏佛法，以达到武力不能达到的目的……佛祖听了魔王的话，久久无语，不一会，两行热泪缓缓流了下来。魔王见此，率众狂笑而去。

经典是死文字，需要人来解释，如果解释不好，善法就会变成恶法。相应的，一个不甚理想的法律规定，如果解释得好，就会变成善法。

微课堂 10：

西红柿到底是
水果还是蔬菜

西红柿是蔬菜还是水果的问题一直争论不休，日常生活中，认为是蔬菜的较多，不过，也有考究的学者按照植物学的定义将之归为水果。

1886年，美国进口商约翰·尼克斯和同事把大量西印度西红柿运到了纽约港，当地的海关税收员爱德华·L.赫登，根据1883年关税法案要求他们支付10%的税。该法案对"外国蔬菜"要征收进口关税。但是，这一要求遭到了尼克斯的拒绝，他根据自己掌握的植物学知识，认为西红柿应该归为水果，要求返还被征收的税款。这个案件最后闹到了最高法院。进口商约翰·尼克斯的主要证据是当时最著名的几部词典《韦氏词典》《伍斯特词典》以及《帝国词典》等，词典将水果定义为"植物种子，或者包含种子的部分，特别是某些植物的多肉多汁的包含种子的部分"。进口商约翰·尼克斯认为，西红柿的果汁丰富，一般的蔬菜却不具备，西红柿还可以生食，这一点也同一般的蔬菜不同；况且它自身的性状、色泽都像其他水果一样，应当属于水果范畴。而对此，美国海关则认为，区分清楚"水果"和"蔬菜"应当从公众常识出发，即使西红柿从科学的意义上来说是水果，但是其实大众普遍都把它当成是蔬菜。1893年，最高法院的9位法官一致认为，西红柿应该被认为是蔬菜而不是水果。负责宣读判词的法官哈瑞斯·格雷指出，尽管词典定义水果为"植物种子，或者包含种子的部分，特别是某些植物的多肉多汁的包含种子的部分"，但是此定义并未明确表明西红柿就是水果，而不是蔬菜。此外，格雷法官还援引了最高法院此前的两个案例

（Brown v. Piper，91 U.S. 37，42，and Jones v. U.S.，137 U.S. 202，216），认为如果词汇在商业贸易中出现特殊含义时，法院应当采信其普通含义，而非特殊含义。因此，在本案中，字典中的内容并不能被视为证据。

西红柿到底是水果还是蔬菜？最后法官采用是基于公众常识的文义解释和立法目的解释。

十、法的产生

　　法的产生是一个长期的社会历史过程,有其独特的发展规律,这主要表现在以下几方面:①法的产生经历了从个别调整到规范性调整、一般规范性调整到法的调整的发展过程。最早期的社会调整往往是个别调整,即针对特定人、特定行为所进行的只适用一次的调整。当某些社会关系发展为经常性、较稳定的现象时,人们为了提高效率、降低成本而为这一类社会关系提供行为模式,于是个别调整便发展为规范性调整(统一的、反复适用)的调整,然后逐步成为法。②法的产生经历了从习惯到习惯法、再由习惯法到制定法的发展过程。最早期的社会规范主要是习惯,随着社会公权力的建立,逐渐有了习惯法,为了保证法的普遍性、正当性,逐渐发展成为制定法。③法的产生经历了法与宗教规范、道德规范的浑然一体到与两者相对分离并相对独立的发展过程。人类早期社会的习惯和习惯法融道德、宗教等社会规范为一体,随着社会的进化、人类认识能力的发展和法的成熟,法与道德、宗教规范开始分化,逐渐发展成为调整方式、手段、范围等方面自成一体、相对独立的法。法作为规范,其产生过程其实就是规范演变发展的过程。法的规范特征包括国家意志性、普遍性、强制性、程序性和可诉性,这些特征显然不是从一开始就产生了,经历了一个演变过程,抓住这一点,理解法的产生发展规律就不难了。

十一、法的现代化

　　法产生后,逐渐经历了从低级到高级的发展过程。法的演进目标是现代化。法的现代化是与社会的现代化需要相适应的、法的现代性因素不断增加的过程。法的现代化,并不完全是为了适应现代社会的要求才成为一种迫切需要,更重要的原因在于,它本身就是现代社会中人的一种价值标准,随着这种价值标准的形成,法的现代化也推动了社会的现代化。法的现代化可以进一步区分为法律规范体系的现代化、法律组织的现代化、法律运作的现代化和法律意识的现代化。当我们将法(对人民有强制约束力的规范)置身于社会实际运行加以理解,自然就会发现法的现代化包含这四方面内容。

　　法律规范体系的现代化,是法制现代化的核心内容和主要标志,要求法律规范体系在数量上必须完备、齐全,对社会关系的法律调整达到有法可依,在内容上具有科学性、明确性、严谨性和体现现代文明的价值观念。法律组织的现代化,是指法律组织机构按照现代化社会分工的要求,能够充分行使法律创制、法律操作和法律实现的职能,它是法律能够得到运转和执行的重要保证,是法律制度和法律规范能够在社会生活中得到实现、字面上的法律能够变为现实的社会关系的重要保证。法律运作的现代化,是整个社会生活中严格贯彻法治原则,使静态的纸上的现代法律规则转化为主体的具体法律行为——执法、用法、守法和法律监督过程之中。法律意识的现代化,是社会成员法律意识的现代化,确立以人人平等观念为内容的法律意识,培养出尊重法律、遵守法律、执行法律、运用法律、有法必依和执法必严的良好意识，剔除与现代法治原则不相吻合的旧的法律意识和法律价值观。法律真正的力量源于民众的内心认同，如果没有法律意识的现代化，一个国家强制推行民众不认同的法律的时候，也就离崩溃不远了，因为无比巨大的执法成本会掏空国家。

第三章

宪　法

　　通过"宪法是民主国家的根本法"可以一句话理解宪法。宪法是民主国家的根本法。所谓民主国家包括两层含义:一是国家的权力归属于人民,二是人民的权利得到国家的保障,在这两层含义中,后者是前者的目的。宪法各种规范的设定最终都是为了保障人民的权利。

　　宪法是国家的根本法,现代国家应该是民主的国家。因此,宪法是民主国家的根本法,深入挖掘这句话大体可以理解宪法的主要内容。

一、国家法

　　法律涉及生活的方方面面,什么是根本法呢? 那些关于制定法律、执行法律和监督法律的法律无疑是基础法律,而这些基础法律的基本规范就是根本法。法律由国家机关制定、执行,主要也由国家机关监督,因此,根本法首先是关于国家机关的基本法。各国都将关于国家机关的基本法作为宪法的内容,因此,宪法通常也被称为国家法(关于国家机关的基本法)。从法律内容看,法所调整的关系包括人民之间和人民与国家之间的社会关系。人民之间关系由国家法律规范并由国家根据法律裁决,人民与国家也是由国家法律规范并最终由国家根据法律裁决,因此,国家法应该属于根本法的内容。

　　国家法是宪法的主要内容之一,那么,所谓的国家法在内容上有什么特点呢? 最核心的是让国家成为民主的国家。如何让国家成为民主的国家? 现代国家通常的做法是将国家权力划分为立法、行政、司法等部分,由立法机关、行政机关和司法机关等分别行使,其中立法机关由人民选举产生,行政机关主要组成人员(政务官❶)由立法机关或者人民直接选举产生,司法机关由立法机关产生或者行政机关提名。总而言之,各国宪法在国家法方面大多贯彻这样一些原则:主权在民、权力制衡、法治等。主权是一个国家对内对外的最高权力,主权在民最能体现国家是

----

　　❶公务员可以区分为政务官与事务官。政务官掌握决策权。事务官是办事员或专业技术人员,一般只能执行没有决策权。

民主的国家,主权在民只是一个抽象的原则,主要通过选举体现,但选举并不足以真正体现主权在民,大多数国家的宪法还通过权力制衡、法治等来推动国家成为民主的国家。绝对权力导致绝对的腐败,权力的分工制衡可以在一定程度上克服腐败,让国家成为民主的国家。法治是指以法律作为国家的最高权威,国家机关也是由人组成的,人总有他自利和缺乏理性的一面,怎样的国家机关才能代表人民,一个好的方法是由代表人民的法律来限制国家机关,因此,现代国家都承认法治原则。关于国家法的具体内容,各国规定有所不同。下面,以我国宪法为例,谈谈如何运用"宪法是民主国家的根本法"理解国家法的内容。

　　《中华人民共和国宪法》(以下简称《宪法》)涉及国家法的内容相当丰富,第一章"总纲"大部分条款涉及国家法,第二章"公民的基本权利和义务"个别条款涉及国家法,第三章"国家机构"都是国家法内容,第四章"国旗、国徽、国歌、首都"也是国家法内容。国家法的最核心规定体现在《宪法》第二条、第三条。"中华人民共和国的一切权力属于人民。人民行使国家权力的机关是全国人民代表大会和地方各级人民代表大会。人民依照法律规定,通过各种途径和形式,管理国家事务,管理经济和文化事业,管理社会事务。"❶"中华人民共和国的国家机构实行民主集中制的原则。全国人民代表大会和地方各级人民代表大会都由民主选举产生,对人民负责,受人民监督。国家行政机关、审判机关、检察机关都由人民代表大会产生,对它负责,受它监督。中央和地方的国家机构职权的划分,遵循在中央的统一领导下,充分发挥地方的主动性、积极性的原则。"❷这两个条文规定我国政体(人民代表大会制度)和单一制的国家结构形式,其制度设计的基本原理主要就是要构建民主的国家。相对于西方国家,我国更强调人民利益的统一性,因此,采用人民代表大会制度和单一制这样一种权力更加集中的配置方式。《宪法》第三章基本上就是这一制度的具体阐述。相较于那些强调三权分立的国家,我国宪法规定国家制度

---

❶《宪法》第二条。
❷《宪法》第三条。

采用议行合一的体制,更强调集中统一。不过,也有不少制衡的亮点。例如,"中华人民共和国人民检察院是国家的法律监督机关"❶,"人民检察院依照法律规定独立行使检察权,不受行政机关、社会团体和个人的干涉"❷,"最高人民检察院领导地方各级人民检察院和专门人民检察院的工作,上级人民检察院领导下级人民检察院的工作"。❸一些国家的刑事案件的侦查和起诉都由行政机关负责,而在我国,普通犯罪由公安部门负责侦查,然后交由检察机关审查起诉,涉及官员贪腐的案件侦查和起诉都由检察机关负责,这些制度在一定程度上避免了行政机关官官相护,起到较好的制衡作用。国家法的另一项重要运行原则是法治,具体的规定如:"中华人民共和国实行依法治国,建设社会主义法治国家。国家维护社会主义法制的统一和尊严。一切法律、行政法规和地方性法规都不得同宪法相抵触。一切国家机关和武装力量、各政党和各社会团体、各企业事业组织都必须遵守宪法和法律。一切违反宪法和法律的行为,必须予以追究。任何组织或者个人都不得有超越宪法和法律的特权"❹,国务院"根据宪法和法律,规定行政措施,制定行政法规,发布决定和命令"❺,"县级以上地方各级人民政府依照法律规定的权限,管理本行政区域内的经济、教育、科学、文化、卫生、体育事业、城乡建设事业和财政、民政、公安、民族事务、司法行政、监察、计划生育等行政工作,发布决定和命令,任免、培训、考核和奖惩行政工作人员"❻,"人民法院依照法律规定独立行使审判权,不受行政机关、社会团体和个人的干涉"❼,"人民检察院依照法律规定独立行使检察权,不受行政机关、社会团体和个人的干涉"❽,等等。

❶《宪法》第一百二十九条。
❷《宪法》第一百三十一条。
❸《宪法》第一百三十二条。
❹《宪法》第五条。
❺《宪法》第八十九条。
❻《宪法》第一百零七条。
❼《宪法》第一百二十六条。
❽《宪法》第一百三十一条。

微课堂11：

最高法院可以解释宪法吗

宪法作为国家的最高法律，能否起到根本法的作用，与"违宪审查制度"密切相关。违宪审查制度是特定的国家机关根据特定的程序或者方式，针对违反宪法的行为或者规范性、非规范性文件进行审查并进行处理的制度。一般认为，违宪审查制度起源于美国。在美国最早进行的违宪审查的案件，是1803年的马伯里诉麦迪逊案。该案起因是美国第二任总统约翰·亚当斯在其任期（1797—1801年）的最后一天（1801年3月3日），突击任命了42位治安法官，但因疏忽和忙乱有17份委任令在国务卿约翰·马歇尔（同时兼任首席大法官❶）卸任之前没能及时发送出去。继任的总统托马斯·杰斐逊让国务卿詹姆斯·麦迪逊将这17份委任状统统扣发。庄园主威廉·马伯里是由于上届政府的疏忽而没有得到委任状的17人之一。马伯里等3人在久等委任状不到，得知是麦迪逊扣发之后，便向美国联邦最高法院提起诉讼。审理该案的法官约翰·马歇尔，判决该案中所援引的《1789年司法条例》第十三条因违宪而被宣告无效。从此，美国确立了最高法院有权解释宪法、裁定政府行为和国会立法行为是否违宪的制度。美国首席大法官约翰·马歇尔在这个案件中写下的著名的一句判语，现在被刻在美国最高法院的墙壁上："解释法律显然是司法部门的权限范围和责任。"

在中国，"齐玉苓案"曾被称为是"中国宪法司法化第一案"。

❶1801年1月20日，亚当斯总统任命国务卿约翰·马歇尔出任最高法院首席大法官。参议院批准后，马歇尔于2月4日正式到职赴任，但他仍然代理国务卿职务到1801年3月3日亚当斯总统任期届满为止，只是不领国务卿的薪俸。

1990 年，原告齐玉苓与被告之一陈晓琪都是山东省滕州市第八中学的初中学生，都参加了中等专科学校的预选考试。陈晓琪在预选考试中成绩不合格，失去继续参加统一招生考试的资格。而齐玉苓通过预选考试后，又在当年的统一招生考试中取得了超过委培生录取分数线的成绩。山东省济宁商业学校给齐玉苓发出录取通知书，由滕州八中转交。陈晓琪从滕州八中领取齐玉苓的录取通知书，并在其父亲陈克政的策划下，运用各种手段，以齐玉苓的名义到济宁商校就读直至毕业。毕业后，陈晓琪仍然使用齐玉苓的姓名，在中国银行滕州支行工作。1999 年，齐玉苓以侵犯姓名权和受教育权为由，对冒其名顶替上学的陈晓琪及山东省济宁商校、滕州八中和滕州教委提起诉讼。山东省高级人民法院在审理中认为，这个案件存在适用法律方面的疑难问题，报请最高人民法院进行解释。最高人民法院经过研究后，作出了《关于以侵犯姓名权的手段侵犯宪法保护的公民受教育的基本权利是否应承担民事责任的批复》。该批复认为，根据本案事实，陈晓琪等以侵犯姓名权的手段，侵犯了齐玉苓依据宪法规定所享有的受教育的基本权利，并造成了具体的损害后果，应承担相应的民事责任。最高人民法院针对该案作出批复开创了中国宪法作为民事审判依据的先河，因此，该案被一些法律界人士称为是"中国宪法司法化第一案"。不过，2008 年 12 月 18 日，最高院发布公告称，自当月 24 日起，废止 2007 年年底以前发布的 27 项司法解释，其中包括最高院就齐玉苓案所做的《关于以侵犯姓名权的手段侵犯宪法保护的公民受教育的基本权利是否应承担民事责任的批复》。

二、权利法

　　除了国家法，宪法还是基本权利法。权利是法律的核心概念，是法律对生活多样性的最高抽象。规定基本权利的法，成为根本法的组成部分自然是合适的，不过，权利在近代历史上并非宪法的绝对要件，只是在后来的发展中才逐步引入权利条款。美国宪法在订立之初并无权利条款，法国第五共和宪法也未明列权利条款，但这都无损于它们是有效宪法规范的事实。人权作为"人因其为人而应享有的权利"，并不是宪法赋予的，宪法对权利的列举式规范仅仅是保障和实现人权的一种手段，宪法对权利的列举只是权利的一部分，美国宪法修正案第九条规定："本宪法对某些权利的列举，不得被解释为否定或轻视由人民保留的其他权利。"我国宪法"国家尊重和保障人权"的规定也是对权利的兜底条款，意味着没有列举的权利同样受国家的尊重和保障。

　　国家法可以在一定程度上让国家成为民主国家，但是，只是一定程度而已。主权在民、权力制衡、法治原则都有其局限性，因此，多数宪法还引入人权原则，在宪法条文中专门规定人民的基本权利，权利条款为国家设定了保护公民权利的义务，从而也构成了国家行使公权力的原则和限制，为国家成为民主的国家增加了一层保障。民主的国家包括两层含义：一是国家的权力归属于人民，二是人民的权利得到国家的保障。休谟为好的国家生活设定了三个基本要件：稳定财产的权利、通过协定转移财产的权利以及履行诺言的权利。这三个基本要件没有一条涉及主权在民。❶权力怎么得来并不重要,关键是怎么行使,只有当我们制约住了权力的具体行使,使其行为方式成为可以预期的,才可以保证基本的秩序和个人自由。在民主国家两层含义中,人民的权利得到国家的保障才是目的。正因为如此,不少宪法学者将权利法视为宪法的实体法,国家法视为宪法的程序法,国家法的目的主要是为了保障人民权利。关于权利法的具体内容,各国的规定有所不同。下面,以我国宪法为例,谈谈如何运用"宪法是民主国家的根本法"理解权利法的内容。

《宪法》第二章"公民基本权利和义务"详细规定了公民的基本权利。

第一,平等权,包括:"中华人民共和国公民在法律面前一律平等"❷,"中华人民共和国各民族一律平等"❸,"中华人民共和国妇女在政治的、经济的、文化的、社会的和家庭的生活等各方面享有同男子平等的权利,国家保护妇女的权利和利益,实行男女同工同酬,培养和选拔妇女干部"❹。平等权取决于和他人境况的比较,是一种人际权利,因此,平等权并不是一种独立的实体权利,而是权利的一种保障形式。法国《人权宣言》第一条规定:"人生来就是而且始终是自由的,在权利方面一律平等。社会差别只能建立在公益基础之上。"美国宪法修正案第十四条第一款规定:无论何州均不得制定或实施任何剥夺合众国公民的特权或豁免的法律;无论何州未经正当法律程序均不得剥夺任何人的生命、自由或财产;亦不得拒绝给予在其管辖下的任何人以同等的法律保护。这些也都是平等权的体现。平等包含两种含义,一是

---

❶哈耶克.自由宪章[M].杨玉生,等,译.北京:中国社会科学出版社,2012:218.

❷《宪法》第三十三条。

❸《宪法》第四条。

❹《宪法》第四十八条。

自由意志平等,除非侵犯他人的自由,不受他人或国家强制;二是利益平等,各方获得利益的机会平等,或者获得利益本身的平等(结果平等)。平等的两层含义之间是相互矛盾的,例如实行男女同工同酬,是有可能损害企业主自由意志的。没有人愿意受到强制,利益的平等总是损害某些人的自由意志,既减损了受害者的价值,也抑制了社会进步的动力,不过,任凭个人意志的自由发挥,也可能造成严重贫富分化(利益不平等),影响社会的和谐与共存。多数国家宪法所追求的平等权大多更强调自由意志平等,只是在例外条件下强调利益平等,给少数弱势群体更多的机会,因为自由意志平等更能让广大人民的自由和长远利益得到保障,符合民主国家的利益。

　　第二,政治权利和自由,包括:"中华人民共和国年满十八周岁的公民,不分民族、种族、性别、职业、家庭出身、宗教信仰、教育程度、财产状况、居住期限,都有选举权和被选举权;但是依照法律被剥夺政治权利的人除外"❶,"中华人民共和国公民有言论、出版、集会、结社、游行、示威的自由"❷,选举权是保证权力归属人民的重要制度,自由权是人们的价值追求所在,都可以从"民主的国家"角度加以理解。

　　第三,宗教信仰自由,"中华人民共和国公民有宗教信仰自由"❸。自由即不受强制,所以,"任何国家机关、社会团体和个人不得强制公民信仰宗教或者不信仰宗教"❹。不过,《宪法》第三十六条第二款的另一个规定"不得歧视信仰宗教的公民和不信仰宗教的公民"则有利益平等保护的含义。可见,我国宪法宗教信仰自由不仅仅是自由,而且,可以诉求一定的机会平等。《宪法》第三十六条第三、四款规定"国家保

❶《宪法》第三十四条。
❷《宪法》第三十五条。
❸《宪法》第三十六条第一款。
❹《宪法》第三十六条第二款。

护正常的宗教活动。任何人不得利用宗教进行破坏社会秩序、损害公民身体健康、妨碍国家教育制度的活动。宗教团体和宗教事务不受外国势力的支配",则是对宗教信仰自由的限制。权利并非不得限制,通常都规定一个人行使权利不侵害其他公民的合法权利和公共利益。不过,我国宪法作了更严格的限制:"中华人民共和国公民在行使自由和权利的时候,不得损害国家的、社会的、集体的利益和其他公民的合法的自由和权利"❶。权利可以为公共利益而受限,但是公共利益应该有严格的限制,泛泛而谈地界定为国家的、社会的、集体的利益似乎不合适,特别是集体利益,是指哪个集体呢? 回到宗教信仰自由的限制,如果《宪法》第三十六条限制不是基于其他公民的合法权利和有严格限制的公共利益,则是有待修改的。

第四,人身自由权,包括:"中华人民共和国公民的人身自由不受侵犯。任何公民,非经人民检察院批准或者决定或者人民法院决定,并由公安机关执行,不受逮捕。禁止非法拘禁和以其他方法非法剥夺或者限制公民的人身自由,禁止非法搜查公民的身体"❷,"中华人民共和国公民的人格尊严不受侵犯。禁止用任何方法对公民进行侮辱、诽谤和诬告陷害"❸,"中华人民共和国公民的住宅不受侵犯。禁止非法搜查或者非法侵入公民的住宅"❹,"中华人民共和国公民的通信自由和通信秘密受法律的保护。除因国家安全或者追查刑事犯罪的需要,由公安机关或者检察机关依照法律规定的程序对通信进行检查外,任何组织或者个人不得以任何理由侵犯公民的通信自由和通信秘密"❺。

---

❶《宪法》第五十一条。

❷《宪法》第三十七条。

❸《宪法》第三十八条。

❹《宪法》第三十九条。

❺《宪法》第四十条。

这些权利条款的特点是，既宣示权利，又明确了若干重要保障措施，对一个权利的保障必然意味着对他人（包括国家、社会、集体）行为的限制，这种限制的前提是不得侵犯他人（包括国家、社会、集体）的合法权利。因此，前面所罗列的各项通过限制他人行为以保障权利的措施都强调非法，而侮辱、诽谤和诬告没有提到非法，说明侮辱、诽谤和诬告本身就不是任何人的合法权利。

第五，监督权和取得赔偿权，即"中华人民共和国公民对于任何国家机关和国家工作人员，有提出批评和建议的权利；对于任何国家机关和国家工作人员的违法失职行为，有向有关国家机关提出申诉、控告或者检举的权利，但是不得捏造或者歪曲事实进行诬告陷害。对于公民的申诉、控告或者检举，有关国家机关必须查清事实，负责处理。任何人不得压制和打击报复。由于国家机关和国家工作人员侵犯公民权利而受到损失的人，有依照法律规定取得赔偿的权利"❶。监督权是针对国家机关和国家工作人员，公民对其他公民并没有监督权，公民对其他公民的监督行为其实是言论自由。所有的权利都会对他人产生限制，限制的前提是不得损害他人的合法的权利，之所以列明监督权，是因为监督权对于国家机关和国家工作人员的影响力度可以高于言论自由对他人的影响力度。因为公民的监督权存在，国家机关和国家工作人员的保密（隐私）和财产的权利都有所限制。另外，对于公民的监督，有关国家机关"必须查清事实，负责处理"。相对而言，如果没有合同约定，公民对其他公民的监督行为没有这样的义务。为什么要在言论自由之外特别列明监督权呢？这一点完全可以从"宪法是民主国家的根本法"得到理解，民主国家意味着国家权力代表人民，当然要接受人民的监督，国家机关和国家工作人员运用公共财产工作并享

---

❶《宪法》第四十一条。

用一定的公共福利,所以,其人身财产权利相对于其他公民有所减少。当然,这种减少也应该符合比例原则,否则等于伤害了国家工作人员的自由。

第六,私有财产权,"公民的合法的私有财产不受侵犯。国家依照法律规定保护公民的私有财产权和继承权。国家为了公共利益的需要,可以依照法律规定对公民的私有财产实行征收或者征用并给予补偿"❶。征收或者征用是对财产权的限制,这种限制不是因为损害他人合法权利和公共利益受到的限制,而是为了促进公共利益受到的限制。为什么要因为促进公共利益受到限制,这与权利的性质有关。权利只是一种行为可能性,行为的目的还是要实现利益。"我们每天所需要的食物和饮料,不是出自屠户、酿酒家和面包师的恩惠,而是出于他们自利的打算",每个人以不损害他人的合法权利方式追逐个人利益,就可以实现他人的利益和社会利益。但是,亚当·斯密也认为某些公共机关和公共工程,不可能由个人以追逐自己利益的方式举办。"建设并维持某些公共机关和公共工程。这类机关和工程,对于一个大社会当然是有很大利益的,但就其性质说,设由个人或少数人办理,那所得利润决不能偿其所费。所以这种事业,不能期望个人或少数人出来创办或维持。"❸为了促进公共机关和公共工程的建设与维持,就需要限制个人权利,也就是说,为了促进公共利益而限制个人权利。同样的,这种限制应该符合比例原则,否则也就伤害了私有财产权,不仅影响个人利益的实现,最后也将损害公共利益。

第七,社会经济权利,包括:劳动的权利,劳动者休息的权利,退休

---

❶《宪法》第十三条。

❷斯密.国民财富的性质和原因的研究:上卷 [M].郭大力,王亚南,译.北京:商务印书馆,1972:14.

❸同❷254,272,284.

人员的生活受到国家和社会保障的权利,年老、疾病或者丧失劳动能力的情况下有从国家和社会获得物质帮助的权利,残废军人、烈士家属、军人家属的权利,盲、聋、哑和其他有残疾的公民的权利。社会经济权利意味着国家和社会的义务,国家和社会承担这样的义务,必须实行再分配,即将一部分的财产转移给另一部分人,这显然损害了一部分人的财产自由。由此可见,社会经济权利是对私有财产权的限制,这种限制只能基于公共利益。充分保护私有财产权,最有利于长远的公共利益,保护社会经济权利则有助于解决某些暂时的迫切问题。因此,社会经济权利只能作为私有财产权的补充,不能过分强调。

第八,文化教育权,包括:受教育的权利,科学研究、文学艺术创作和其他文化活动的自由。受教育作为一种权利,意味着国家和社会的义务,是一种再分配,国家这样做的理由只能是基于公共利益,因为教育可以提高公民素质,是一种公共利益行为,所以,多数国家都确认公民受教育的权利。《宪法》第四十七条规定:"国家对于从事教育、科学、技术、文学、艺术和其他文化事业的公民的有益于人民的创造性工作,给以鼓励和帮助。"这种鼓励和帮助也是一种再分配,同样应该是基于公共利益的选择。而科学研究、文学艺术创作和其他文化活动的自由,跟人身自由、财产自由一样,是天赋人权。

第九,特定主体权利,包括:婚姻、家庭、母亲和儿童受国家的保护,未成年子女有要求父母抚养教育的权利,父母有要求成年子女赡养扶助的权利,华侨的正当的权利和利益,归侨和侨眷的合法的权利和利益。宪法以保护人民权利为己任,不过,人民是多种多样的。对不同的个体,现代国家坚持一个基本的原则——平等。平等包括自由意志平等和利益平等两种,多数宪法确认自由意志平等优于利益平等。但是,纯粹的自由意志平等原则并不足以于让多种多样的人民权利得到保证，宪法赋予某些特定主体的专门权利，是对利益平等的追求，也是对社会利益最大化的追求。婚姻、家庭、母亲和儿童，对于社会延续和稳定至关重要，有必要加以特殊的规范，不能纯粹套用人人自由平等。《宪法》第三十二条规定："中华人民共和国保护在中国境内的外国人的合法权利和利益。"不过，对华侨还特别强调正当的权利和利益，说明对华侨有高于外国人更多的保护。

三、义务法

宪法规定公民的义务只是部分国家的做法，我国是其中之一。我国宪法规定，公民的基本义务主要有：遵守宪法和法律；维护国家的统一和各民族的团结；维护祖国的安全、荣誉和利益；保守国家秘密，爱护公共财产，遵守劳动纪律、公共秩序和社会公德；依法服兵役、纳税；有劳动和接受教育的义务；以及赡养父母、教育子女和实行计划生育等义务。为什么设定义务呢？这是民主国家的性质所决定，国家是民主的国家，人民自然要承担义务。理论上看，义务有以下四种类型：不损害他人的合法权利和自由、不损害公共利益、促进公共利益和促进家庭利益。义务的设定其实是对权利的限制，是权利的边界，过宽的界定义务等于限制了权利。不损害他人的合法权利和自由，是权利的原本含义，否则权利就不成为权利，这个义务的设定没有什么可以质疑的。不过，因为不损害公共利益、促进公共利益和促进家庭利益而设定的义务则需要相当审慎，必须符合比例原则，因为这些义务总是带来个人权利的减损。

微课堂 12：

两个 5:4——
焚烧国旗案的
争议

1984 年，美国共和党在得克萨斯州举行全国代表大会，一些反对人士前去举行抗议活动，其间一位名叫约翰逊的人点火焚烧了为庆祝共和党代表大会而悬挂的国旗。约翰逊因焚烧国旗而违反了得克萨斯州的有关法律，并被州法院判服 1 年监禁和 2000 美元罚款。但是，得克萨斯州刑事上诉法院推翻了对他的定罪，认定约翰逊焚烧国旗的行为属于"象征性言论"，受到美国宪法第一修正案言论自由条款的保护，而惩罚损坏国旗的州法违反了第一修正案。美国宪法第一修正案规定：美国国会不得制定法律限制公民的言论自由。1989 年，美国联邦最高法院以 5 比 4 的微弱多数就约翰逊一案作出裁决，维持了得克萨斯州刑事上诉法院的判决。但是，美国国会在一些利益团体的推动下，马上通过《国旗保护法》，禁止以任何形式亵渎国旗。就在该法律生效的当天，一位名叫艾奇曼的人到国会门前焚烧国旗。1990 年，联邦最高法院再次以 5 比 4 的多数作出裁决，重申焚烧国旗的做法属于宪法第一修正案言论自由条款的保护范畴之内。

这两个案件究其本质其实就是义务与自由的冲突。禁止焚烧国旗是法律为公民设定的义务，这种义务是为了促进公共利益。为了促进公共利益设定个人义务必然对个人权利带来减损，因此，就存在利益衡量问题。在上述案例中，衡量的结果倾向于言论自由，不过，这样的争论还会继续，毕竟两次都是以 5 比 4 的多数作出裁决，少数派法官与多数派法官相当接近。

四、小结

综上所述,宪法的内容基本上涵盖在"宪法是民主国家的根本法"之中。作为根本法,自然要规定国家组织的法律制度(即国家法),宪法后来的发展中又逐步引入基本权利条款和基本义务条款,也没有违背根本法的内涵,毕竟法律就是权利义务之规范。根本法三个字尚不足以帮助我们理解宪法的内容,制定根本法的目的在于让国家成为民主的国家。所谓民主的国家包括两层含义:一是国家的权力归属于人民,二是人民的权利得到国家的保障。在这两层含义中,后者是前者的目的。根本法各种规范的设定最终都是为了保障人民的权利,究其规范的内容不外乎对权利的保障和限制。权利保障包括主权在民、权力制衡、法治和人权四项原则,而权利限制则涉及公共利益和他人权利问题。权利意味着人人享有同等的权利,一个人的权利不得损害另一个人的权利。权利行使的目的在于利益的满足,不过权利的行使可能会损害他人的利益,这不是我们乐意看到的。但是,他人的利益并不高于权利行使者的利益,唯有公共利益高于权力行使者的利益。因此,一个人的权利除了受不得损害另一个人的权利的限制之外,还受公共利益的限制。另外,权利并非宪法所赋,未被列举之权利不得被解释为否定或轻视,否则根本法就不能成为保障人民权利之法。

第四章

民 法

通过"民法是调整平等主体之间的权利义务关系的法律"可以一句话理解民法。平等包括自由意志平等和利益平等。在民法中,平等是指自由意志的平等,因此,民法可称为平等主体之间的法律。自由意志平等是民法制度的主线,不过,只是主线而不是全部。理解民法除了抓住自由意志平等外,还要结合效率、公平、秩序、传统等原则。

"民法是调整私人与私人之间权利义务关系的法律。"民法的内容大体可以围绕这句话来加以理解。《民法总则》第二条规定："民法调整平等主体的自然人、法人和非法人组织之间的人身关系和财产关系。""私人"一词在《民法总则》中被表达为平等主体,这源于现代法律的一个基本假设——人人平等,每个人享有独立的自由意志,一个人的意志不得强加给另一个人。人与人之间是平等的,但是,平等主体之间如果没有高于个体的公权力加以协调,就会陷入丛林战争,因此,人人平等转化为私人之间平等和私人同公权力之间不平等的关系。民法调整的是私人与私人之间权利义务关系,宪法、行政法、刑法等调整的是私人同公权力之间的权利义务关系。民法的内容大体可以围绕"私人与私人之间的权利义务关系"理解,进一步讲就是围绕"平等主体之间的权利义务关系"理解。平等有自由意志平等和利益平等两种含义。在民法中,平等是指自由意志的平等,因此,民法可称为平等主体之间的法律。利益平等在民法中被表达为公平。平等是民法制度的主线,不过,只是主线而不是全部。理解民法除了抓住平等外,还要注意效率、公平、秩序、传统等原则。

平等主体之间权利义务关系在《民法总则》中被解释为财产关系和人身关系。平等主体的权利义务关系,进一步深入分析,包括权利的主体、内容、客体以及引发权利义务关系的法律事实等。《民法总则》主要讨论共性的法律规定,更多的民法内容是由民事单行法研究的。各民事单行法分别讨论某一领域的私人权利义务关系。就它们的命名而言,有的以权利主体命名,如公司法、合伙企业法;有的以权利客体命名,如证券法、票据法;有的以权利或义务本身命名,如物权法、知识产权法;有的以法律事实命名,如合同法、侵权行为法。不仅民法可以一句话理解,各民事单行法也可以一句话理解。下面,我们选取《民法总则》的主要内容以及部分单行法谈谈如何理解民法。

一、民事主体

　　民法是调整平等主体之间权利义务关系的法律，主体是什么呢？主体是人，人可能以个体形式行为，也可能以组织形式行为。为此，民法规定自然人、法人和非法人组织三种主体。在民事主体的各项制度中，民事权利能力和民事行为能力是最重要的制度。

　　民事权利能力，是指民事主体依法享有民事权利和承担民事义务的资格；民事行为能力是指民事主体能以自己的行为取得民事权利承担民事义务的资格。享有权利能力，并不见得都能独立为有效的法律行为，只有具备相应的民事行为能力，才可以独立享受权利、负担义务。通俗地说，民事权利能力与民事行为能力的区别在于"有没有"与"能不能"。一个4岁的小孩可以拥有股权，成为股东，因为他有权利能力，但是，因为不具备行为能力，他不能自主行使股东权利，而只能由他的监护人代其行使股东权。为什么要规定民事权利能力和民事行为能力呢？这与"平等"两个字密切相关。

　　民法是调整平等主体之间权利义务关系的法律。民事主体资格平等，但是，民事主体本身又是多种多样的。一般来说，每个主体拥有平等的独立意志，对他本人最有利，对社会最有利。但是，总有一些例外，给某些主体独立意志对他本人并不一定有利，对社会也不一定有利，甚至可能伤害其本人或者他人。也就是说，对某些民事主体资格要加以一定的限制，而不是保证人人平等。怎么限制呢？或者说，怎么确定哪些方面平等，哪些方面不平等？这就涉及民事权利能力和民事行为能力制度。

微课堂13：

有缺陷的"平均人"假设

　　民法假定的主体，是同样理性、平等的人。他们是被抽象出来的社会"平均人"，个体的所有差别都消弭于无形，这也是"从身份到契约"的由来。人人平等，民法对人与人之间的自由竞争持中立态度，即便双方之间因经济、知识、资源运用等差异导致力量悬殊，也完全适用优胜劣汰规则。因此，民法被称为平等主体之间的法律，平等即自由意志的平等，一个人不得将自己的意志强加给另一个人。当然，社会是复杂的，个体之间也是存在差异的，因此，就有了民事权利能力与民事行为能力制度。为了避免"平均人"假设损害实际上存在差异的个体，除了民事权利能力与民事行为能力等民法上的制度，经济法、社会法的诸多制度设置也是基于这样的考虑。

　　自然人，是基于自然规律出生的人，是个体形式的人，既包括本国自然人，也包括外国人和无国籍人。《民法总则》第十四条规定："自然人的民事权利能力一律平等。"每个人都拥有同等的依法享有民事权利和承担民事义务的资格。不过，民事行为能力则有所区别。行为能力不像权利能力，仅是有与无的区别，行为能力分为完全行为能力、限制行为能力以及无行为能力。

　　完全民事行为能力，是指可以完全独立地进行民事活动，通过自己的行为取得民事权利和承担民事义务的资格。18周岁以上的自然人是成年人，具有完全的民事行为能力，可以独立实施民事法律行为，是完全民事行为能力人。16周岁以上不满18周岁的自然人，以自己的劳动收入为主要生活来源的，视为完全民事行为能力人。

　　限制民事行为能力人，包括8周岁以上的未成年人和不能完全辨认自己行为的成年人。8周岁以上的未成年人是限制民事行为能力人，可以进行与他的年龄、智力相适应的民事活动，其他民事活动由他的法定代理人代理，或者征得他的法定代理人的同意；不能完全辨认自己行为的成年人是限制民事行为能力人，可以进行与他的精神健康状况相适应的民事活动，其他民事活动由他的法定代理人代理，或者征得他的法定代理人的同意。例如，15岁的小王购买汽车就得征得他的法定代理人的同意，此时，他与汽车经销商的买卖合同方可有效，而他购买肯德基早餐虽未征得他的法定代理人的同意，买卖合同也是有效的。

　　无民事行为能力人，包括不满8周岁（不包括8周岁）的未成年人和不能辨认自己行为的成年人。无民事行为能力人的民事法律行为由他的法定代理人代理实施。

　　行为能力是指以自己的行为取得民事权利承担民事义务的资格，也是承担民事责任的能力，因为责任也是一种义务，是对于违反义务行为而引起的义务。完全民事行为能力具有责任能力,如《中华人民共和国侵权责任法》(以下简称《侵权责任法》)第三十三条规定:"完全民事行为能力人对自己的行为暂时没有意识或者失去控制造成他人损害有过错的,应当承担侵权责任;没有过错的,根据行为人的经济状况对受害人适当补偿。完全民事行为能力人因醉酒、滥用麻醉药品或者精神药品对自己的行为暂时没有意识或者失去控制造成他人损害的,应当承担侵权责任。"而无民事行为能力人、限制民事行为能力人的责任能力则有所限制,如《侵权责任法》第三十二条规定:"无民事行为能力人、限制民事行为能力人造成他人损害的,由监护人承担侵权责任。监护人尽到监护责任的,可以减轻其侵权责任。有财产的无民事行为能力人、限制民事行为能力人造成他人损害的,从本人财产中支付赔偿费用。不足部分,由监护人赔偿。"

　　民事权利能力平等,而民事行为能力不平等,说明民法所讲的平等也是一定范围的平等。为什么只能是一定范围的平等?理由是前面所讲的,给某些主体独立意志对他本人并不一定有利,对社会也不一定有利。独立意志,包括两个方面,一是民事权利能力,即独立享有民事权利和承担民事义务的能力;二是民事行为能力,以自己独立判断决定的行为取得民事权利承担民事义务的能力。在自然人方面,就前者而言,凡是人都应该是平等的(除了结婚、劳动等少数领域❶),因此,自然人的民事权利能力一律平等;就后者而言,自然人的行为能力是其独立做有效之法律行为的资格,这种资格的取得,主要是由自然人的认知决定的,人的认知能力是有所不同的,因此,自然人的民事行

---

❶在结婚等少数领域,自然人的权利能力是不平等的。但是,因为民法定义的民事权利能力是依法享有民事权利和承担民事义务的资格,所以,"自然人的民事权利能力一律平等"并没有错。《民法总则》规定的"公民的民事权利能力一律平等",只是基本民事权利平等。有些民事权利能力不是始于出生,而是要达到一定的年龄以后才享有的,例如自然人结婚的权利能力以及劳动的权利能力;有些民事权利能力受到行政法律的限制,例如购房资格的限制。

为能力有所区别。年龄和辨认自己行为的能力是自然人获得独立认知的最基本条件，于是，各国都以此作为区分行为能力的标准。一般来说，各个国家界定的未成年人的发育成熟年龄基本相同，没有显著差距。但是，各个国家的民法仍然按不同的年龄来划分成年人与未成年人，大多数国家界定为18周岁，也有的国家规定为20或21周岁。这说明民法既遵循平等、效率、公平等抽象原则，也跟各国的历史传统、宗教信仰、经济和文化的发展相联系的。

法人是法律拟制的"人"❶。当然，也可以说，非法人组织也有法律拟制的因素，两者有什么区别呢？法人是法律拟制的"具有独立意志的人"，而非法人组织并不具有独立意志。用法律的语言表述，根据《民法总则》第五十七条的规定，法人是具有民事权利能力和民事行为能力，依法独立享有民事权利和承担民事义务的组织。法人的特点是独立性，其人格、财产、责任独立于其他主体。独立人格，是指具有民事权利和承担民事义务，能以自己的名义独立参予民事法律关系，承受相应的法律后果。独立人格以独立财产为基础，法人的财产包括设立时出资人的出资和设立后的经营所得。法人的财产独立于其出资人，出资人一旦将其财产出资即丧失了对该财产的所有权。法人的财产与其组成成员及雇员的个人财产相分离，出资人（通常是法人的组成成员）并不拥有法人财产权，只是拥有对法人的社员权（在公司称为股东权）。独立责任，是法人以自己的财产负担自己行为的法律后果。因为法人的独立责任，所以出资人对于法人的债务仅以出资额为限承担责任，即有限责任。有限责任是法人独立责任的应有之义。独立责任是独立人格的体现，之所以有独立人格和独立责任，前提是独立财产。法人有独立人格、独立财产和独立责任三重特点，其中独立人格（具有独立意志的人）是基本特点，独立责任是独立人格的最重要体

---

❶自然人的权利资格也是法律赋予，但是，通常不能视为拟制，先有人后有法，法是对自然权利的确认而不是创制。

现,而独立财产则是基础。

　　法人是一种组织,但并不是所有组织都是法人。法人是经由法律拟制而形成的"具有独立意志的人",也就是说,只有符合法定条件才能成为法人。哪些条件呢?《民法总则》第五十八条有明确规定:"法人应当依法成立。法人应当有自己的名称、组织机构、住所、财产或者经费。法人成立的具体条件和程序,依照法律、行政法规的规定。设立法人,法律、行政法规规定须经有关机关批准的,依照其规定。"在这些条件中,独立财产是其中最重要的基础,不仅成立时要有独立的财产,而且整个运营过程中要保持独立的财产,否则可能适用法人人格否认制度❶。

　　法人的主体资格也适用民事权利能力和民事行为能力制度。法人的民事权利能力和民事行为能力,从法人成立时产生,到法人终止时消灭。不过,法人民事权利能力和民事行为能力的范围并非人人平等,还是有所区别的。法人的民事权利能力受到以下限制:①性质上的限制。基于自然人的天然属性而专属于自然人的民事权利能力内容,法人均不能享有。例如身体权、健康权、隐私权、继承权、扶养请求权、婚姻自主权等,法人因自然属性无法享有。②法律上的限制。例如,《中华人民共和国担保法》规定,国家机关和以公益为目的的事业单位、社会团体不得为保证人。③目的事业的限制。法人的民事权利能力范围,以其目的事业为限,已登记设立的法人,该范围以登记为准。不过,这种限制不能对抗善意相对人,"法人的实际情况与登记的事项不一致的,不得对抗善意相对人"❷。人生而自由平等,指的是自然人。法人是自然人为了各种目的设立的,虽然有的法人表面上是由

---

　　❶法人人格否认制度,指为防止法人独立人格的滥用和保护债权人的利益,在特定的法律关系中否认法人的独立人格与成员的有限责任,是责令法人的成员或其他相关主体对法人债权人或公共利益直接负责的一种法律制度。

　　❷《民法总则》第六十五条。

法人或者非法人组织直接设立,但所有的法人和其他组织最终都可以归结为自然人设立。法人是基于某种目的根据法律所设立的,并不是生而自由平等,其权利能力范围受到法律上的限制:一是因为法人是法律拟制的,法律拟制"具有独立意志的人"有严格的限制条件;二是法人的设立人本身的目的范围限制,如机关法人是国家设立的,国家的公益性决定了机关法人的公益性。

法人是个组织,又有独立人格。谁代表其行为呢?这就涉及法定代表人制度。《民法总则》第六十一条规定:"依照法律或者法人章程的规定,代表法人从事民事活动的负责人,为法人的法定代表人。"法人的行为表现为法定代表人以法人名义从事的行为以及其工作人员的职务行为。法人不仅要承受其法定代表人的行为的后果,而且要对其工作人员的职务行为负责。例如,《中华人民共和国侵权责任法》第三十四条第一款规定:"用人单位的工作人员因执行工作任务造成他人损害的,由用人单位承担侵权责任。"行为区分为法律行为和事实行为,法人要为其法定代表人和工作人员的执行工作任务的事实行为的法律后果负责,不过,法律行为则需有所区别。法定代表人以法人名义从事的法律行为,其法律后果由法人承受,即使法人章程或者法人权力机构对法定代表人代表权的限制,不得对抗善意相对人。法人工作人员以法人名义从事的法律行为如果没有得到法人授权,很可能属于无权代理,未经法人追认的,对法人不发生效力。

第三类民事主体是"非法人组织",这在《民法总则》第四章有详细规定。非法人组织不具有法人资格,但是能够依法以自己的名义从事民事活动的组织。非法人组织包括个人独资企业、合伙企业、不具有法人资格的专业服务机构等。《民法总则》第一百零八条规定:"非法人组织除适用本章规定外,参照适用本法第三章第一节的有关规定。"也就是说,非法人组织参照适用法人一般规定,具有民事权利能力和民事行为能力,但是,独立性有所不足,一个典型的表现是:"非法人组织

的财产不足以清偿债务的,其出资人或者设立人承担无限责任。"❶

　　《民法总则》只是规定了一般的民事主体法律制度,进一步掌握民事主体法律制度,还需了解民事单行法的有关规定,这里着重介绍《中华人民共和国公司法》(以下简称《公司法》)。

　　公司是指依法设立的以营利为目的的企业法人,公司法大体可以围绕"营利性法人组织法"加以理解。法人组织区别于基于自然规律出生的人,是法律拟制的人,它必须依法设立,其变更和终止也必须依法进行,因此,公司法的第一个重要内容是有关公司组织的设立、变更、终止的法律。公司组织由人组成,一个组织有不同的人,这些人有不同的意志,组织的意志如何形成呢? 谁能代表组织意志呢? 这涉及公司法人机关组织制度(治理结构),因此,公司法的第二个重要内容是有关公司的法人机关组织制度。法人具有独立人格,其独立人格表现为独立组织意志和独立的财产,前者由公司的法人机关组织制度保障,后者则由公司的财产制度保障,因此,公司法的第三个重要内容是有关公司财产的制度。综上所述,公司法主要包括公司的设立、变更、终止,公司的法人治理结构以及公司财产制度三方面制度。贯穿这些制度有两个基本原则:独立(法人属性)和营利。独立是公司法人制度的根本特征,公司法人制度设置首先围绕这一原则展开,在此基础上考虑营利性要求,保证公司独立性同时尽量有利于公司的营利效率。独立和营利,是"营利性法人组织法"的两个基本特征,因此,我们说公司法大体可以围绕"营利性法人组织法"这一名词加以理解。下面,以公司设立、变更以及法人机关制度为例,谈谈如何围绕"营利性法人组织法"理解公司法。

　　公司设立的法律制度,首先,可以围绕"独立"加以理解。法律是调整主体与主体之间关系的行为规范,法人的独立性也体现在主体与主体的关系中。公司法人的独立性体现为公司法人相对于股东、债权

----

❶《民法总则》第一百零四条。

人和公司雇员的独立性,公司法的制度设计一方面确保公司独立于股东、债权人和公司雇员,另一方面则确保公司独立性不损害股东、债权人和公司雇员的利益。公司法人是基于股东之间的合约成立,不过,单纯这样的合约不足以保证公司的独立性,必须有强制性规范的介入,可见,公司法是强行法与任意法的结合。设立条件中有组织机构、名称、章程等要求,既有股东之间合约的因素,又有强行法的因素,就是为了让公司成为一个有独立人格的组织。公司成立前属于非法人组织,发起人之间属于合伙关系,就是为了避免公司的独立人格损害股东、债权人和公司雇员的利益。其次,可以围绕"营利"加以理解。设立程序中实行法定事项的公示主义以及公司登记的要件主义的一个意图就是通过公权力的介入强化公司独立人格的公信力,提高公司的营利效率。公司是否真正依据公司法的规定设立,他人不容易得知,因此,借由登记以及主管机关监督让人们得以知悉公司情况,是人们愿意与公司交易的前提性条件之一。

公司合并、分立、减资、清算程序中都规定了通知公告程序。合并、分立决议之日起10日内通知债权人,并于30日内在报纸上公告。清算组应当自成立之日起10日内通知债权人,并于60日内在报纸上公告。这些都是为了保证不因公司的独立性影响债权人的利益。照理说,保护债权人利益就得避免时间限制,这里规定了时间限制则是综合考虑了独立人格和营利效率的要求。

公司法人机关是法人组织体的核心组成部分,负有形成法人意思和代表法人活动的职能。没有法人机关,法人就无法实现其民事权利能力和民事行为能力,无法成为独立的民事主体。公司法人机关根据其职能可以分为议事机关、执行机关、代表机关和监督机关,之所以这样区分,主要是试图通过这些机关制衡保证公司的独立性。

微课堂 14：

《企业的性质》——让科斯获得诺贝尔奖的经典论文

罗纳德·哈里·科斯——新制度经济学的鼻祖，美国芝加哥大学教授、芝加哥经济学派代表人物之一，1991年诺贝尔经济学奖的获得者。《企业的性质》是最终使其获得1991年诺贝尔经济学奖的两篇论文之一，另一篇是《社会成本问题》。科斯在1937年发表的《企业的性质》一文中提出了"交易费用"的概念，并依赖交易费用说明了企业存在的原因。所谓交易费用，是指通过市场机制组织交易所支付的成本，包括收集交易信息、谈判、签约和履行合约的监督费用。根据科斯的观点，市场和企业是具有相同职能因而可以相互替代的两种机制，本质上都是契约。企业实际上是将一系列契约由一个契约替代。企业是一种降低成本的机制，一个人"单干"的话，要同时处理上游购货、自家生产研发和下游销售各方面的契约。于是，为了降低这些成本，人们就组成"企业"，将一系列契约由一个契约所替代。不过，企业本身也有成本，当企业扩大时，企业内部每追加一笔额外的交易，企业内部交易的边际成本是递增的。当一笔交易的企业行政协调的成本高于市场机制的成本时，企业又会被市场所替代。

　　以上介绍了《民法总则》《公司法》涉及的民事主体法律制度,这些制度大体可以围绕"私人与私人之间权利义务关系"这句话来掌握。私人之间,没有一个人在另一个人之上,人人平等,但是平等只能是一定范围的平等,所以引入民事权利能力和民事行为能力制度。法人组织与非法人组织,本质上是平等自然人因各种目的设立的,其组织规则的法律制度最终都可以归结为"平等主体之间的关系"加以理解。例如,我们讲公司法大体可以围绕"营利性法人组织法"加以理解,公司法人组织归根结底仍然是平等主体设立的,"营利性法人组织法"规则设置的核心是如何让各平等主体设立独立的法人组织,如何让法人的独立性不损害股东、债权人、公司雇员的平等权益。❶平等是各类法人组织和非法人组织设立的根本原则,公司是平等主体为了营利而设立的,平等是其对内对外关系的基本准则;机关组织虽然不是××平等主体契约设立的,但是,设立机关的目的仍然为了人人平等的社会,因此,其对外的民事关系仍然要遵循平等原则。

二、民事权利

　　平等主体之间权利义务关系包含三个要素:主体、内容和客体。前面介绍民事主体法律制度,这一部分则是要介绍民事权利义务关系内容的法律制度,民事权利义务关系包括权利与义务两个方面。民事

---

　　❶平等作为公司法的核心原则体现为一系列强制性规范,这一点与合同法有很大的不同。合同法主要通过当事人自由意志协商一致达成平等,而公司虽然也是当事人协商一致的结果,但其平等的达成包含更多国家强行法的介入因素。

权利是民事主体对实施还是不实施一定行为的选择权；民事义务，是指义务主体为满足权利人的利益需要，在权利限定的范围内必须为一定行为或不为一定行为的约束。权利义务是相辅相成的，明确了权利制度，也就明确了义务制度，这是从民事权利的角度介绍民事权利义务关系内容的法律制度。

民法是调整平等主体之间的关系的法律，平等即每个主体都享有独立的意志，一方意志不得强加给另一方。民事权利即为民主主体的独立意志。所谓独立意志就是按自己的意志自由行为，但是，自由不是绝对的，自由总是有边界的。民事权利法律制度就是要探寻民事主体独立（自由）意志的边界，即权利的边界。

微课堂15：

市场上的兔子
为什么没人敢抢

民事权利法律制度的一个重点是明确权利的归属（确权），为什么要确权呢？一个经典的论证是商鞅的"兔子理论"。

商鞅（约公元前390年至公元前338年），战国时期政治家、改革家、思想家，法家代表人物，他在《商君书·定分》说："一兔走，百人逐之，非以兔可分以为百也，由名分之未定也。夫卖兔者满市，而盗不敢取，由名分已定也。"意思是说，一只野兔在田野上跑，后面很多人追着想抓住它。但是市场上很多的兔子却没有人去抢着要，为什么呢？因为前面的兔子权属没有定，而后面的兔子已经有了归属。"兔子理论"说明权利划分和确权的重要性。著名经济学家科斯与王宁在其著作《变革中国：市场经济的中国之路》中，也引用了商鞅的论述来说明权利划分的重要性。

　　各项民事权利的边界在哪里呢？根据人人平等的法律设计理念，独立意志的边界在于不伤害他人的独立意志。何为伤害呢？理论上应该由当事人独立意志协商确定，但是，这样容易造成纷争，甚至陷入人与人的战争状态，是一种极端低效的行为，每个人都逐一与他人谈判权利的边界将产生无比巨大的社会成本，因此，需要通过法律划定边界。法律如何准确划定边界呢？第一个要求是分类，不同领域的权利的边界各不相同，只有细化分类才能准确划定边界。民事权利可以划分为六个大类：人格权、亲属权、物权、债权、知识产权和社员权。在分类的基础上，各项权利规则又是如何设计呢？既然权利是当事人的独立意志，规则设计的核心应是探求独立意志的本意，但毕竟完全留由当事人意思自治也容易造成混乱、争夺和低效，因此，要引入公权力界定民事权利的法律边界。公权力界定民事权利的法律边界的基本原则是一个主体的独立意志不得伤害另一个主体的独立意志，这是民事主体平等原则的体现。不过，平等原则作为民法的根本原则并非绝对不可违背的原则，纯粹的平等原则可能不利于整个社会利益的最大化，也可能导致贫富差距的扩大以及社会秩序的混乱，因此，界定民事权利，除了以平等作为主要原则外，还必须考虑效率、公平和秩序。理性是有限的，人为设计的规则不可能完全体现当事人的自由意志，所以，法律规则也应保持克制，在规则之外，要尊重传统习惯，并留给当事人足够的自由空间。自由意志平等、效率、公平、秩序和传统只是权利法规则设计的总体原则，不同性质之权利的设计原则重点则各不相同。例如，债权规则更强调意思自治，而物乃身外之物，归属上更有争议，法律对物权规则的介入深度就多一些，并不留由自由意志确定。因此，理解民事权利法律制度，应区分权利的不同类别。

　　人格权是法律赋予民事主体以人格利益为内容的、作为一个独立的法律人格所必须享有且与其主体人身不可分离的权利。人格权是民事主体对自身的权利。最广义上的"民事主体对自身的权利",甚至可以延伸到财产权。财产权是民事主体的劳动所得,也可以理解为民事主体对自身的权利,不过,这种范畴内的"民事主体对自身的权利"其实是人权。民法所讨论的人格权显然不是人权,不包括民事主体对财产的权利和对他人的身份权,而仅仅包括民事主体对其人身的权利。人格权法的基本原则通常被归纳为以下五项原则:人格权神圣原则、具体权利法定原则、自动取得原则、权利相容原则和限制流转原则。这五项原则可以围绕"平等的自由意志"以及"人格权是民事主体对其人身的权利"这两大主题加以理解。人格权神圣原则,是指人格权是人之为人所必备的权利,是获得一切其他民事权利的前提,这是由人格利益与人身不可分离的特性所决定的。人格权神圣原则,决定了人格权的保护不仅仅是民法的保护,对人格权稍微重一点的侵害都可能上升到行政法或者刑法保护的高度。具体权利法定主义,是指对人格权的具体种类、内容、保护方法等都以立法予以确认,以便在对人格权实施法律保护时提供明确的法律依据。这是由民事自身权利的复杂性所决定。《民法总则》第一百一十条规定:"自然人享有生命权、身体权、健康权、姓名权、肖像权、名誉权、荣誉权、隐私权、婚姻自主权等权利。法人、非法人组织享有名称权、名誉权、荣誉权等权利。"人应该是自由的,只要不伤害他人,具有无限的延展空间,人格权的内容和范围不止法律所明确确认的人格权,法律本身无法给人身权予以充分明确的确定。尽管不能充分规定,民法还是确认生命权、健康权、身体权等具体人格权,而不是泛泛地规定一般人格权,为什么要将人格权以法定形式具体化而不是留给当事人意思自治呢?这体现了秩序与效率原则。通过对人格权以具体人格权的形式,能更好地界定权利边界,定分止争。自动取得原则,指人格权是基于民事主体人格关系而存在的,并且是在自然人出生或其他民事主体产生时就自动取得的,无须进行申请,这是人格利益由人自身所特有的特性决定的。自然人、法人,在其具有民事主体资格时,同时也即自动取得相应的人格权。自然人的人格权始于出生,终于死亡;法人的人格权始于成立,终于法人消灭。而其他的民事基本权利,如所有权、债权、知识产权、继承权,都不是民事主体产生即享有,而是依据一定的民事法律行为或者依据一定的法律事实才取得的权利。例如,所有权的取得,主要是通过生产、收取孳息、没收、添附、接受赠予、继承等方式,债权的发生根据,则有订立合同、不当得利、无因管理、侵权行为等;知识产权的取得,是由于作品的完成、申请专利、注册商标、接受权利的转让等行为。有限流转原则,是指作为民事主体的专属权利,人格权一般不能被民事主体以任何形式让与他人,即不能出售、赠与或继承。但在法律有特别规定的情形下,可以允许人格权有限度地流转。传统民法认为,民事主体若不享有人格权,会丧失主体资格,人格权是禁止流转的。人格利益是人自身所特有的特性,并不意味着人格利益与人身不可分离,在某些情况下,民事主体可以转让其具体人格权中的某一部分内容。例如,将肖像使用权部分转让给他人,企业名称权的转让,都是法律认可的行为。

人格权主要围绕"平等"以及"民事主体对其人身的权利"这两大主题加以理解。与其他民事制度一样,人格权制度还要考虑秩序、公平、效率等其他原则。例如,公众人物的名誉权、隐私权受到一定限制,则是考虑到公平,而仅是限制并没有取消公众人物根本性的名誉权、隐私权,则是对自由意志平等原则的保护。

身份权是指人因特定身份而产生的民事权利。身份权因身份而引起,这种权利并不以他人是否同意为前提,可以说是对人人享有平等自由意志的背离。我国台湾地区"民法典"规定民法是规范私人之间权利义务关系的法律,而不是平等主体的关系,就是考虑到身份权法律制度并非根据自由意志平等建立起来。传统的身份权法律制度其实是一种等级制度,高等级身份的人对低等级身份的人享有在人身和财产上的支配权。早期这种等级制度在国家和家族关系中都有体现,后来,逐步缩小到家庭关系。《民法总则》第一百一十二条规定:"自然人因婚姻、家庭关系等产生的人身权利受法律保护。"《民法总则》对身份权的内容没有进一步界定,结合民事单行法,我国民法确认的身份权包括配偶权、亲属权、亲子权等。身份权制度的存在说明人人平等只是现代法律制度的一个最主要的基础前提,并非一切前提。平等是人性最基本的要求,是社会进步与繁荣的前提,但是,社会的存在仅仅平等是不够的,社会既需要平等主义的理想原则,也需要遵循历史留传下来的有价值的传统,身份权制度就是这样一种传统。当然,现代法律的身份权制度并不仅仅是一种传统,已融入平等、公平、秩序、效率等现代法律理念。夫妻约定财产制、遗嘱、夫妻各自拥有独立的姓名权、结婚自由、离婚自由等,就体现了平等原则对传统身份权制度的改造。"夫妻应当互相忠实,互相尊重"❶,"夫妻有互相扶养的义务。一方不履行扶养义务时,需要扶养的一方,有要求对方付给扶养费的权利"❷,"父母对子女有抚养教育的义务;子女对父母有赡养扶助的义务。父母不履行抚养义务时,未成年的或不能独立生活的子女,有要求父母付给抚养费的权利。子女不履行赡养义务时,无劳动能力的或生活困难的父母,有要求子女付给赡养费的权利"❸,"夫妻有相互继承遗产的权利。父母和子女有相互继承遗产的权利"❹,这些规定则体现了公平原则、秩序原则对传统身份权制度的改造。

---

❶《婚姻法》第四条。

❷《婚姻法》第二十条。

❸《婚姻法》第二十一条。

❹《婚姻法》第二十四条。

微课堂16:

先救母亲还是女朋友

很多人都听说过这样的问题——"母亲和女朋友同时遇险,到底该先救谁?"2015年国家司法考试也出现了这样的问题。试卷二的多项选择题52题"关于不作为犯罪,下列哪些选项是正确的?"其中C选项为:"甲在火灾之际,能救出母亲,但为救出女友未救出母亲。如无排除犯罪的事由,甲构成不作为犯罪。"根据司法考试参考答案,C选项为正确选项,也就是说,如果母亲和女友同处在火灾之际,你能救出母亲,但为救出女友而未救出母亲,如无排除犯罪的事由,则构成不作为犯罪。

这个问题对于我们理解身份权法律制度也很有帮助,父母与子女之间有强制性的身份义务,而你与女友之间没有。《宪法》规定,成年子女有赡养扶助父母的义务;《婚姻法》也明确规定,子女对父母有赡养扶助的义务。当然,此参考答案也存在一定争议,争议集中在刑法部分,即此种情形是否构成不作为犯罪,但是,民法部分则没有争议,父母与子女之间有法律上的身份关系,而你与女友之间没有。

　　物权,是指合法权利人依法对特定的物享有直接支配和排他的权利,包括所有权、用益物权和担保物权。物权的客体是物,这与人格权不同,民法上的物存在于人身之外,是劳动的产物,是人对自身权利的延伸。物权法律制度可以围绕"平等"以及"对作为人身权利延伸的物的权利"这两个主题加以理解。物权是人身权利的延伸,因此,相对于人格权,物权在人人平等以及尊重主体本身自由意志方面有所弱化,而对效率、公平和秩序则有所强化。根据《中华人民共和国物权法》(以下简称《物权法》)第一章"基本原则"的规定,物权法的基本原则包括:保护权利人的物权,明确物的归属,发挥物的效用,物权法定,一物一权,公示、公信,物权平等保护,维护公共利益与物权之恰当平衡,特别法优先。物权的核心是权利,即当事人对物的意思自治,确定物权的边界不能侵害"当事人对物的自由意志"的实质性权利,也就是说,保护权利人的物权是物权法的核心原则。权利的归属与内容留由当事人意思自治还是由法律明确,代表两种不同的立法思路,物权法总的思路是尽量由法律明确权利归属,以减少纷争,提高效率。人格权是人身所特有的,是人最基本的权利,而物权只是这一权利的延伸,因此,法律对物权有更多的介入,允许物权规范相对于人格权规范更多考虑效率、公平、秩序等原则。《物权法》第一章规定"保护权利人的物权"之外的基本原则可以从这一立场得到解释。例如,物权法定原则,要求物权的种类和内容由法律规定,这在一定程度上限制了当事人的财产权利,但是,考虑到秩序和效率的需要,大多数国家都确认这样的原则。公示、公信原则,在一定程度上影响了当事人的隐私,但是,为了整个社会的秩序和效率的需要,物权法对这种隐私进行了限制。维护公共利益与物权之恰当平衡,也是考虑到了效率、公平和秩序之需求。

　　债权是得请求他人为一定行为(作为或不作为)的民法上权利。例如,买卖合同生效后,买受人就取得出卖人给付买卖标的物的权利。

债的基本特点是相对性,即债的关系只产生于双方之间,因而权利义务的效力也只发生于债的双方之间,该权利义务一般不对第三人产生实质性影响,这是当事人自由意志平等原则的体现。"一般不影响"说明例外的条件下还会有影响。例如代位权❶、撤销权❷制度就是对相对性原则的突破,这种突破说明债权法也同样兼顾效率、秩序、公平等原则。债权包括合同之债、侵权之债、无因管理之债和不当得利之债,其中最主要的是合同之债。关于债权法的内容,我们将结合在合同法部分进一步阐述,此处不赘述。

　　知识产权又名智力成果权或智慧财产权。智力成果或智慧财产是权利人脑力劳动即智力创造活动的结果,属于广义上"物"的范畴,有两个特点:首先,它是物,是人对自身权利的延伸;其次,它是无形物,是智力成果,具有高度的公共性。知识产权法律制度可以围绕平等、作为人身权利延伸的财产权、无形物以及公共性这四个主题加以理解。作为人对自身权利的延伸和具有"公共性"物品,知识产权除了强调人对自身利益的保护,还强调物尽其用。知识产权法包括两项基本原则:第一,鼓励和保护智力创造活动的原则。第二,促进知识产品的传播、应用和社会进步的原则。第一项基本原则,即鼓励和保护智力创造活动原则,是从创造者的个人利益的角度出发,注重保护创造者的个人权利。而第二项基本原则,即促进知识产品的传播、应用和技术进步的原则,则是从社会利益的角度出发,目的在于促进整个社会的发展与进步。知识产权是私权,法律也承认其具有排他的独占

---

　　❶体现在《中华人民共和国合同法》(以下简称《合同法》)第七十三条之规定:"因债务人怠于行使其到期债权,对债权人造成损害的,债权人可以向人民法院请求以自己的名义代位行使债务人的债权,但该债权专属于债务人自身的除外。代位权的行使范围以债权人的债权为限。债权人行使代位权的必要费用,由债务人负担。"

　　❷撤销权,是指因债务人放弃其到期债权或者无偿转让财产或债务人以明显不合理的低价转让财产,对债权人造成损害,并且受让人知道该情形的,债权人也可以请求人民法院撤销债务人的行为。

性,但其独占性是无形的,又具有高度的公共性,与社会发展有密切关系。所以,法律对知识产权规定了很多限制:第一,在权利的获得方面,法律为之规定了各种积极的和消极的条件以及公示的办法。例如专利权的发生须经申请、审查和批准,对授予专利权的发明、实用新型和外观设计规定有各种条件《中华人民共和国专利法》(以下简称《专利法》)第二十二条❶、第二十三条❷,对某些事项不授予专利权(《专利法》第二十五条❸)。著作权虽没有申请、审查、注册这些限制,但也有《中华人民共和国著作权法》(以下简称《著作权法》)第三条❹、第五条❺的限制。第二,在权利的存续期上,发明专利权的期限为20年,实用新型专利权和外观设计专利权的期限为10年,自然人作品著作权为作者死亡后第50年的12月31日,法人或者其他组织的作品著作权则为首次发表后第50年的12月31日。第三,权利人负有一定的使用或实施的义务。对专利,法律规定有强制许可或强制实施许可制度。对著作权,法律规定了合理使用制度。

---

❶"授予专利权的发明和实用新型,应当具备新颖性、创造性和实用性。"

❷"授予专利权的外观设计,应当不属于现有设计。……授予专利权的外观设计与现有设计或者现有设计特征的组合相比,应当具有明显区别。"

❸"对下列各项,不授予专利权:(一)科学发现;(二)智力活动的规则和方法;(三)疾病的诊断和治疗方法;(四)动物和植物品种;(五)用原子核变换方法获得的物质;(六)对平面印刷品的图案、色彩或者二者的结合作出的主要起标识作用的设计。对前款第(四)项所列产品的生产方法,可以依照本法规定授予专利权。"

❹"本法所称的作品,包括以下列形式创作的文学、艺术和自然科学、社会科学、工程技术等作品:(一)文字作品;(二)口述作品;(三)音乐、戏剧、曲艺、舞蹈、杂技艺术作品;(四)美术、建筑作品;(五)摄影作品;(六)电影作品和以类似摄制电影的方法创作的作品;(七)工程设计图、产品设计图、地图、示意图等图形作品和模型作品;(八)计算机软件;(九)法律、行政法规规定的其他作品。"

❺"本法不适用于:(一)法律、法规,国家机关的决议、决定、命令和其他具有立法、行政、司法性质的文件,及其官方正式译文;(二)时事新闻;(三)历法、通用数表、通用表格和公式。"

微课堂17：

上传菜肴照片也涉嫌著作权侵权

像上传菜肴照片这种稀松平常的事，也有可能涉嫌侵犯他人著作权。很多人去餐厅吃饭，热衷于看见喜欢的菜肴就拍摄下来，传到网络展示自己的生活。现在很多高级餐厅都拒绝客户在用餐中拍摄菜肴的照片，上传网络。餐厅方的理由是，拍摄食物侵犯了厨师们的知识产权，而且手机拍摄食物的照片品质无法完全体现食物的完美度，菜肴照片在网络上流传也让客户丧失对菜肴的新鲜感。

菜肴也是创作作品，如果具有独创性，也是有著作权的，没有经过餐厅的同意随意拍摄，上传菜肴的照片的确有可能违反著作权。餐厅依据自身的财产权，对于到自己店铺的顾客可以进行一定的管理，包括禁止顾客拍摄菜肴。

长期以来人们更多关注的是具体有形的财产权利，对于知识产权这种无形财产权是直到近代才引起了社会的关注。一开始人们只关注菜肴本身的有形财产权，如今还重视它的无形财产权。权利发展趋势一是从有形到无形，二是从财产到人格，除了对财产本身的重视，也开始关注其中包含的人格价值。例如，人们逐步意识到摔坏了他人的一般牛奶杯与摔坏了他人祖传的牛奶杯是不一样的，后者除了赔偿他人牛奶杯本身的价值之外，还有可能涉及精神损害赔偿。

就人格权、身份权、债权、物权和知识产权的比较而言,对个人权利保护从前到后的强调逐渐减弱,而对社会利益的强调逐渐加强。不过,总体上,它们都是民事权利,仍是个人权利优先。

民法中的社团的成员(社员)基于其成员的地位与社团发生一定的法律关系,在这个关系中,社员对社团享有的各种权利的总体,称为社员权。社员权法律制度可以围绕"平等"以及"人对社团组织的权利"这两个主题加以理解。社员权是一个复杂的体系,作为私权,当然非常强调当事人的自由意志平等,不过,自发组织的社团效率太低,为了提高社会组织的效率,社员权的法定色彩也非常浓厚。法律介入大大提高了社团本身以及社会的整体效率。例如,股东权的架构是近代社会发展最根本的动力之一,建筑物区分所有权之成员权,也是现代社会秩序的重要基础。法律如何介入社员权呢?营利性社团,法律介入会更多考虑效率,例如股东权;非营利性社团,法律介入会更多地考虑公平和秩序,例如建筑物区分所有权之成员权。

微课堂 18:

一杯价值百万美元的咖啡

民事权利法律制度主要包括确权制度和权利保护制度。前面已经讲了各类民事权利确权制度的主要特征。这里再谈谈权利保护制度。对一项民事权利的保护包括三个办法,第一是自愿转让,即保障民事主体根据他人的出价自愿转让自己的权利,例如出售劳动力,出售房屋;第二是损害赔偿或者征用补偿制度,即保障民事权利在受到他人(或者国家)损害或者征用时能得到补偿或赔偿,这种赔偿或者补偿通常由公权力机构(司法机构)裁定,例如交通事故损害赔偿;第三是不可转让,即国家禁止你的权利转让,从而保护你的权利,例如人体器官不得买卖。"不可转让"保护权利的办法在人格权部分已讨论。"自愿转让"保护权利的办法在合同法部分将进一步阐述。征用补偿制度属于经济法内容,此处不分析。因此,这里只讨论损害赔偿补偿制度。

79岁的美国老太太斯黛拉·莉柏克在麦当劳"驾车销售窗口"买了咖啡,然后揭开盖,放在两腿之间,一个意外闪失,整杯滚烫的咖啡泼洒在两腿之间,致使大腿"三度烫伤"。后来,这杯售价49美分的咖啡,差点造成了麦当劳公司286万美元的巨额责任赔偿。

为什么一杯咖啡会造成286万美元的巨额赔偿呢?这286万美元的赔偿包括两个部分:一是麦当劳出售的咖啡温度过高,在产品安全问题上,掉以轻心,疏忽大意,侵犯了原告的人身安全,造成了重大伤害,因此,必须承担法律责任,偿付原告16万美元的"补偿性赔偿"。二是被告应偿付原告270万美元的"惩罚性赔偿"。不过,这只是陪审团的判决。主审法官认为,陪审团在认定事实方面基本恰当,判处"惩罚性赔偿"的理由亦相当充足,但是,在此案中,原告本人的责任不可低估,而且陪审团判决的"惩罚性赔偿"的金额明显过高,意气用事,罚不当罪,矫枉过正,有失公平。于是,法官将"惩罚性赔偿"由270万美元砍至48万美元,加上原有的16万美元"补偿性赔偿",麦当劳应付的赔偿总额降低为64万美元。后来案子的最后结果也不是法官的判决,而是两家达成了秘密庭外和解。据说,秘密和解的结果是:麦当劳秘密支付莉柏克的一次性"和解费"总金额为60万至70万美元,与法官的裁定大致相当。刨去三分之一的律师费,莉柏克大概拿到了40多万美元赔偿,其附加条件为:受害者全家必须"保持沉默",不得以写文章、出书、接受媒体采访等形式"旧案重提",不得披露案情和解的内幕和细节,破坏麦当劳公司的商业信誉和形象。

损害赔偿包括补偿性赔偿和惩罚性赔偿,这里16万美元的补偿性赔偿是老太太财产损失和精神损害的赔偿。"惩罚性赔偿"则是针对恶意侵权、欺诈、造假者实施的。陪审团认为,麦当劳不但应当承担咖啡过烫、质量低劣的法律责任,而且由于对顾客的投诉置若罔闻,对数百起烫伤事故漠然置之,其侵权行为已经明显构成了"轻率的"和"恶意的"性质,因此,判罚必须承担惩罚性赔偿。

三、民事客体

民事客体即民事法律关系的客体,指民事法律关系主体享有的民事权利和承担的民事义务所共同指向的对象,包括物、行为、智力成果、人身利益、有价证券以及权利本身。《民法总则》对民事客体并没有专门的规定,只是民事权利部分顺带加以介绍。民事单行法则有一些法律是以权利客体命名,如票据法、证券法、专利法、商标法等。

票据是指出票人依法签发的由自己或指示他人无条件支付一定金额给收款人或持票人的有价证券。票据在性质上属于货币证券。票据法律制度可以围绕"平等"以及"货币证券"这两个主题加以理解。票据是有价证券,是代表某种财产性权利的文书凭证,为什么一种文书凭证能代表财产权利呢?因为它是私人之间约定的产物。票据背后实质上还是私人之间的权利义务关系,其法律关系的核心是平等。不过,票据并非当事人自由意志任意创设,它必须遵循其货币证券的功能(包括流通、支付等)设计统一的规范。例如,关于票据形式的严格规定,关于票据行为的无因性规定,关于背书连续的规定,关于抗辩切断的规定,关于付款责任的规定等,都是为了便于当事人对于票据上的各种事项的认识和利用,以及为了保证票据使用的安全,确保票据的流通与票据的付款,是围绕私人之间的权利义务关系的票据法本质专门设计出来的。

证券是表示一定权利的书面凭证。广义的证券一般指货物证券（如货运单、提单等）、货币证券（如支票、汇票、本票等）和资本证券（如股票、公司债券、投资基金份额等）。狭义的证券仅指资本证券。证券法上的证券指的是资本证券。证券法律制度可以围绕"平等"以及"资本证券"这两个主题加以理解。证券作为书面凭证是表示一定的资本权利，是私人之间约定的产物，因此，平等是其法律制度的核心。但是，相对于货币，资本有更大的隐蔽性，其运作规律不是常人所能透彻观察到的，纯粹的私人约定容易产生纠纷，因此，法律对证券有较多的介入。相对于票据法，法律对证券的介入表现为：公开、公平、公正原则，政府的监管以及对投资者权益的保护。其中的原因主要在于货币证券与资本证券的区别，票据作为货币证券代表一定的现金，其代表的财产权利直接明确，而资本证券代表的是股票、债券等资本，其代表的财产权利具有隐蔽性和更多的不确定性。

四、民事法律事实

民法是平等主体之间权利义务关系的法律，权利义务关系怎么发生呢？这涉及法律事实。能够引起民事权利义务关系发生、变更或者消灭的客观现象或事实，简称民事法律事实。《民法总则》第一百二十九条规定："民事权利可以依据民事法律行为、事实行为、法律规定的事件或者法律规定的其他方式取得。"民事法律事实包括事件和行为两大类：所谓事件，指与人的意志无关的、能够引起民事法律后果的客观现象；所谓行为，指人的有意识的活动，又可具体分为民事法律行为、事实行为以及行政司法行为等。

1. 事件

事件，包括死亡、出生、年龄、时间、自然灾害、物的灭失等。例如，人的死亡让继承人取得继承遗产的权利，自然灾害的发生引起保险公司对投保人的赔偿关系，物的灭失引起所有权关系的消灭，等等。比较值得注意的是诉讼时效和除斥期间。

根据《民法总则》的规定，诉讼时效是指权利人在法定期间内不行使权利即丧失在诉讼中胜诉权的法律制度。用一句通俗的话讲，就是"有权利不主张，过期作废。"诉讼时效属于法律事实中的事件，它是基于一定事实状态在法律规定的一定时间内持续存在而当然发生的，不为当事人的意志所决定。《民法总则》第一百八十八条规定："向人民法院请求保护民事权利的诉讼时效期间为3年。法律另有规定的，依照其规定。诉讼时效期间自权利人知道或者应当知道权利受到损害以及义务人之日起计算。法律另有规定的，依照其规定。但是自权利受到损害之日起超过20年的，人民法院不予保护；有特殊情况的，人民法院可以根据权利人的申请决定延长。"诉讼时效期间自权利人从知道或者应当知道权利被侵害时起计算，通常为3年，但是，3年并不是一个固定的期间，可能出现中止、中断、延长等情形。在诉讼时效期间的最后6个月内，因不可抗力或者其他法律规定的障碍不能行使请求权的，诉讼时效中止，自中止时效的原因消除之日起满6个月，诉讼时效期间届满。权利人向义务人提出履行请求、义务人同意履行义务、权利人提起诉讼或者申请仲裁以及与提起诉讼或者申请仲裁具有同等效力的其他情形，可使已经过的时效期间统归无效（中断），待时效中断的事由消除后，诉讼时效期间重新起算。

所谓除斥期间,是指法律规定某种权利预定存在的期间,权利人在此期间不行使权利,便发生该权利终止的法律后果。《民法总则》第一百九十九条规定:"法律规定或者当事人约定的撤销权、解除权等权利的存续期间,除法律另有规定外,自权利人知道或者应当知道权利产生之日起计算,不适用有关诉讼时效中止、中断和延长的规定。存续期间届满,撤销权、解除权等权利消灭。"除斥期间是一个固定的期间,不存在诉讼时效中可能出现的中止、中断、延长等情形,同时,除斥期间届满后,终止的是实体权利而非胜诉权。

民法讨论的是私人与私人之间的行为关系,这种关系是当事人有意识行为的结果,也同诸多与人的意志无关的客观现象有关,事件就是讨论这样一些现象,明确规定事件的发生会产生怎样的法律后果,是民法的应有之义,否则民法就无法发挥其调整人们之间关系的作用。事件不是人的有意识活动,但事件却能引起法律后果,本身就有可能是对"自由意志的平等"的背离。将事件规定为法律事件,主要是基于秩序、公平、效率等原则的考虑,但作为民法的一项制度,也兼顾自由意志的平等问题。《民法总则》第一百五十二条规定:"有下列情形之一的,撤销权消灭:(一)当事人自知道或者应当知道撤销事由之日起1年内、重大误解的当事人自知道或者应当知道撤销事由之日起3个月内没有行使撤销权;(二)当事人受胁迫,自胁迫行为终止之日起1年内没有行使撤销权;(三)当事人知道撤销事由后明确表示或者以自己的行为表明放弃撤销权。当事人自民事法律行为发生之日起5年内没有行使撤销权的,撤销权消灭。"1年这个除斥期间的设定则是基于秩序、公平、效率等原则的考虑,而重大误解、受胁迫、明确表示或者以自己的行为表明放弃则是基于自由意志平等的考虑。在诉讼时效制度中,3年的诉讼时效是基于秩序、公平、效率等原则的考虑,而中止、中断制度则是考虑到自由意志平等。

2. 行为

作为民事法律事实的行为,包括行政或者司法行为、事实行为和法律行为。行政或者司法行为,是行政或者司法机关作出的能产生民事法律后果的行为,如法院的判决和裁决能产生一定的民事法律后果。民事法律行为,旨在设立、变更、消灭民事法律关系的行为,如合同行为、婚姻行为、遗嘱行为、收养行为、处分行为等。事实行为,是行为人主观上没有产生民事法律关系的目的,但依照法律的规定,客观上引起了某种法律效果之发生的行为,如发现埋藏物的行为、侵权行为、智力创造活动、拾得遗失物、不当得利行为、无因管理行为、正当防卫行为、紧急避险行为等。

(1)民事法律行为

《民法总则》第一百三十三条规定:"民事法律行为是民事主体通过意思表示设立、变更、终止民事法律关系的行为。"意思表示包括三个要素:(一)效果意思,即设立法律关系的意图,如想订立装修合同、想结婚;(二)表示意思,即想把效果意思表示出来的意思,例如戒指放在身上,但因害羞,不敢开口求婚,此时就没有表示意思;(三)表示行为,就是行为人将内心意思以一定方式表现于外部,足以为外界客观理解的行为要素,比如书面、口头、行为表示等。综合这三个要素,所谓意思表示就是指向外部表明意欲发生一定私法上法律效果的意思的行为,就是设立、变更、消灭民事法律关系的行为。以进行法律行为人数的多寡为标准,民事法律行为可以分为:单方法律行为是指仅有一方当事人的意思表示即可成立的法律行为,如订立遗嘱、放弃继承权、追认无权代理的行为等;双方法律行为是指由当事人双方的意思表示一致而成立的法律行为,如合同;多方法律行为又称协定行为,是指由三个或三个以上的当事人意思表示一致而成立的法律行为,如合伙协议等。以进行法律行为的效力为标准,有的民事法律行为符合法律的要求,能够达到当事人预期的目的,称为有效民事法律行为;有的民事法律行为不符合法律的要求,不能达到当事人预期的目的,为无效、可撤销(可变更)或者效力待定的民事法律行为。

有效民事法律行为能产生当事人预期的法律关系,确立对当事人有约束力的法律关系,实际上相当于立"法",当然,这里的"法"针对当事人产生约束力,不具有普遍约束力。民事法律行为相当于立"法",法律不是随意制定的,同样,民事法律行为也有其严格的生效要件。根据法律行为的不同性质,法律规定了法律行为的一般有效要件和特别有效要件。依《民法总则》第一百四十三条的规定,具备下列条件的民事法律行为有效:(一)行为人具有相应的民事行为能力;(二)意思表示真实;(三)不违反法律、行政法规的强制性规定,不违背公序良俗。通常情况下,法律行为具备有效要件,即产生法律效力,但在特殊情况下,法律行为除具备一般有效要件外,还须具备特别生效要件,才能产生法律效力。如附延缓条件或延缓期限的法律行为、遗嘱继承行为等,它们成立且具备有效要件后,并不马上生效,只有在条件成熟、期限届至或遗嘱人死亡后,上述法律行为才发生法律效力。有效民事法律行为能产生当事人预期的法律关系,是当事人自由意志的体现。正因为是自由意志的体现,所以行为人应该具有相应的民事行为能力,并且意思表示真实。"不违反法律、行政法规的强制性规定,不违背公序良俗"的规定则包含对自由意志的背离,这一背离是对秩序、效率、公平、传统等原则的兼顾。

民事主体不可能事必躬亲，很多法律行为得由其他主体代为行为。《民法总则》也有明确规定："民事主体可以通过代理人实施民事法律行为。依照法律规定、当事人约定或者民事法律行为的性质，应当由本人亲自实施的民事法律行为，不得代理。"●代理包括委托代理和法定代理，委托代理人按照被代理人的委托行使代理权，而法定代理人依照法律的规定行使代理权。民事主体可以通过代理人实施民事法律行为，可以自主委托代理，这是自由意志在法律上的体现，只要不伤害他人，是可以自由行为的；而法律规定某些行为不可代理，某些行为必须代理，则是对自由意志限制。显然，这些规定考虑的不是平等原则，而是基于公平、秩序和传统的规定。例如，结婚登记不可代理，就是基于这样的考虑。代理对被代理人发生效力，这是代理制度的本意，根据自由意志平等原则，被代理人承受代理人实施的民事法律行为必须体现被代理人的意思，所以，《民法总则》规定：代理人在代理权限内，以被代理人名义实施的民事法律行为，对被代理人发生效力●；代理人不履行或者不完全履行职责，造成被代理人损害的，应当承担民事责任●；代理人和相对人恶意串通，损害被代理人合法权益的，代理人和相对人应当承担连带责任●；行为人没有代理权、超越代理权或者代理权终止后，仍然实施代理行为，未经被代理人追认的，对被代理人不发生效力●。不过，《民法总则》关于代理制度的规定并不完全遵照自由意志平等原则，也考虑到了效率、秩序等原则，例如表见代理。表见代理是指行为人没有代理权、超越代理权或者代理

● 《民法总则》第一百六十一条。

● 《民法总则》第一百六十二条。

● 《民法总则》第一百六十四条。

● 《民法总则》第一百六十四条。

● 《民法总则》第一百七十一条。

权终止后,仍然实施代理行为,但因本人与被代理人之间的关系,具有外表授权的特征,致使相对人有理由相信行为人有代理权而与其进行民事法律行为,则代理行为有效。表见代理显然不是被代理人的意思的体现,作这项制度规定,是基于效率的考虑,也是对相对人自由意志的保护。

(2)事实行为

事实行为,是行为人主观上没有产生民事法律关系的目的,但依照法律的规定,客观上引起了某种法律效果之发生的行为。行为人不具有设立、变更或消灭民事法律关系的意图,但依照法律的规定能引起民事法律后果的行为,从表面上看是对自由意志原则的背离。其实,并非如此。事实行为所引起的法律后果基本上仍然是自由意志的结果。自由意志并不仅仅体现为设立民事法律关系的民事法律行为,人们想要的东西远远超过民事法律行为可设定的范围,纯粹涉己或者与他人可以达成一致意思表示的可以规定在"民事法律行为"制度内,但是,一些可能引起双(多)方争议或者不容易达成协议的,则是由"事实行为"制度规定。根据自由意志平等原则,一方的自由意志被他人侵犯,有权要求赔偿,赔偿本身是其自由意志的产物,但是,这种侵权行为引起的赔偿很难直接通过与对方协商确定,因此,侵权赔偿这种自由意志的产物就不适合通过"民事法律行为"规定,应该规定在"事实行为"制度内。《侵权责任法》规定的归责原则包括过错责任原则(含过错推定归责原则)、无过错责任原则和公平责任原则。过错责任原则,也称过失责任原则,它是以行为人主观上的过错为承担民事责任的基本条件的认定责任的准则。按过错责任原则,行为人仅在有过错的情况下才承担民事责任,没有过错就不承担民事责任。根据自由意志平等原则,一个人不应该有侵害他人的自由意志,违背了这一点就是过错(包括故意与过失),因此,就应该赔偿他人。可见,过错责任原则完全就是自由意志平等原则的体现。无过错责任原则也称无过失责任原则,它是指没有因过错造成他人损害的,依法律规定应由与造成损害原因有关的人承担民事责任的原则。执行这一原则,不是根据行为人的过错,而是基于损害的客观存在,根据行为人的活动及所管理的人或物的危险性质与所造成损害后果的因果关系,而由法律规定的特别加重责任。无过错也要承担责任,并非一个人主观上违背自由意志平等原则的责任,而是因为自己行为客观上造成他人损失而承担责任。人生在一个共同社会,每一个人的行为在客观上都影响他人,例如开一家大型超市可能会影响很多小零售的生意。哪些无过错而造成他人损失行为应该承担责任,哪些没有必要呢?对受害者,他的自由意志受到侵犯当然希望有人赔偿,这是他自由意志的延伸,但是,加害者的行为并无过错,要求他承担责任显然违背了自由意志平等原则,因此,法律规定无过错责任考虑的是效率、公平、秩序等原则。公平责任原则又称衡平责任,指当事人双方对损害的发生均无过错,法律又无特别规定适用无过错原则时,由法院根据公平的观念,在考虑当事人双方的财产状况及其他情况的基础上,责令加害人对受害人的财产损害给予适当补偿,由当事人公平合理地分担损失的一种归责制度。因为没有过错,要求承担责任显然也违背了自由意志平等原则,因此,法律规定公平责任原则是基于公平、秩序等原则的考虑。

微课堂 19：

法律推理错误
造成的好人困惑

2006 年 11 月 20 日上午 9 时左右，南京市水西门广场一公交车站，老人徐××在公交站台被撞倒摔成了骨折。徐××指认撞人者是刚下车的小伙彭×，彭×则予以否认，认为自己是无辜受害者。他说，当天早晨 3 辆公交车同时靠站，老太太要去赶第 3 辆车，而自己从第 2 辆车的后门下来。"一下车，我就看到一位老太跌倒在地，赶忙去扶她了，不一会儿，另一位中年男子也看到了，也主动过来扶老太。老太太不停地说谢谢，后来大家一起将她送到医院。"彭×继续说，接下来，事情就来了个 180 度大转弯，老太太及其家属一口就咬定自己是"肇事者"。

2007 年 9 月 4 日，南京市鼓楼区法院一审宣判。法院认为本次事故双方均无过错。按照公平的原则，当事人对受害人的损失应当给予适当补偿。因此，判决彭×给付受害人损失的 40%，共 45876.6 元。当天，徐××的代理律师表示：对判决事实感到满意，但 40% 的赔偿比预期要少。而彭×则表示不服此判决。后来，双方当事人在二审期间达成了和解协议，案件以和解撤诉结案。和解协议，其主要内容是：彭×一次性补偿徐××1 万元；双方均不得在媒体（电视、电台、报纸、刊物、网络等）上就本案披露相关信息和发表相关言论；双方撤诉后不再执行鼓楼区法院的一审民事判决。

和解撤诉之后，彭×也表示，在 2006 年 11 月发生的意外中，徐××确实与其发生了碰撞。

彭×案的争议主要在于一审判决后,舆论出现"彭×是做好事被诬陷"的一边倒倾向,结果在公众舆论中成了"好人被冤枉""司法不公"的典型案例,并成为社会"道德滑坡"的标靶。事实上,按照彭×后来的表示,一审法院认定彭×与老太太相撞并无不妥。引起舆论风暴,与法院的表述说理不当有关。

2017年6月8日,最高人民法院通过微博发文《十年前彭宇案的真相是什么?》,对十年前的彭×案进行了详细解读。最高人民法院详细地还原了对彭×案的判决:从法律真实看来,彭×在第二次庭审时承认"我下车的时候是与人撞了",但否认是与老太太相撞。第三次开庭中,原告方提供了一份主要内容为彭×陈述两人相撞情况的笔录照片,虽然这份笔录因警方失误丢失客观上无法提供原件,但也得到了当时做笔录的警官的确认。结合彭×自述曾经与人相撞却说不清与何人相撞以及经警方确认的笔录照片,这就构成了优势证据,一审法院认定彭×与老太太相撞并无不妥。

相对于最高院的博文,法院的说理则明显不足。法院本应该根据事前的证据(如发生事故时原被告所处的位置,原告跌倒时原被告所处的位置,被告下车时的姿势,停车地点等)来推断两人相撞的必然性,而不应该从事发后彭×对原告的救助着手进行推理,如判决书有一句话:"如果彭×是见义勇为,更符合实际的做法是抓住撞人者,而不仅仅是好心相扶。"这种事后的推理,就很容易让人们得出做好事被冤枉的结论。其次,一审法院运用公平原则进行判决,也是错误的。公平原则的适用前提,不仅在于缺少当事人主观上有过错这一要件,还在于缺少侵权行为。

如果原、被告相撞了,则必然一方乃至双方都有过失;反之,没有相撞,原告受伤,彭×就既没有主观过错,也没有客观行为,由此,本案没有了适用公平原则的基础。运用公平原则判决,变成做好事的人也可能被冤枉。假设事实无法辨认,无法确定彭×撞人,那只能是驳回原告的诉讼请求。判决没有在事实问题上做足功夫,结果为了适当的判决结果,错误运用法律,导致了更大的不公正。

以上讲的是侵权行为规定作为事实行为的原因以及规定侵权行为法律后果的依据。各项事实行为(发现埋藏物的行为、智力创造活动、拾得遗失物、不当得利行为、无因管理行为、正当防卫行为、紧急避险行为等)所规定的法律后果,大多都是基于这样的思路。这些法律后果可以视为人的自由意志(人权)的延伸,但是,如果规定为法律行为,留由当事人意思自治,容易产生纷争,因此,就规定为事实行为,依照法律规定而不是当事人的意思产生法律后果。

微课堂20：

一个行为被规定为法律行为或事实行为的依据

一个12岁的小孩在路上拾到一个钱包,里面钱不多,小孩见钱包很好看,于是把它据为己有。几天后,小孩看到失主寻找钱包的悬赏广告,于是便兴冲冲找失主领赏金。这里边有事实行为,也有法律行为,为什么这样规定呢?

小孩捡到钱包的行为,即发现遗失物,属于事实行为的一种,根据《物权法》之规定,拾得遗失物,应当返还权利人,拾得人应当及时通知权利人领取,或者送交公安等有关部门。根据自由意志平等原则,一个人行为不得伤害他人的自由意志,如果将遗失物占为己有显然侵害了他人的自由意志,因此,遗失物属于权利人所有,拾得遗失物,应当返还权利人。但是,这只是法律规定的应然行为,并不一定是拾物者的想法。拾物者的实际想法可能像案例中的小孩一样,想将拾到的钱包据为己有。当法律规定的应然行为与当事人行为的实际想法不一致时,这样的行为就不宜规定为法律行为而应该规定为事实行为。《物权法》将拾得遗失物规定为事实行为就是基于这样的考虑。

一个人行为不得伤害他人的自由意志,小孩将钱包据为己有,属于侵权行为,应赔偿权利人因此而遭受的损失。如果此时失主找到小孩主张物上返还请求权时,小孩拒绝,失主可以要求其父母承担法律责任,因为无民事行为能力人、限制民事行为能力人造成他人损害的,由监护人承担侵权责任。侵权行为所引发的法律后果只是自由意志平等原则延伸的结果,并非小孩及其家长的实际想法,因此,法律将侵权行为规定为事实行为。失主发布悬赏广告的行为,应属于合同中的要约行为,小孩将钱包归还并找失主领赏的行为,应属于合同中的承诺行为。根据《民法总则》《合同法》之规定,合同属于民事法律行为。失主订立悬赏合同的目的是付出酬金得到钱包,而小孩的订立悬赏合同的目的是给钱包而得到酬金,在这里,小孩的实际想法和法律规定的应然行为可以达到统一,因此,合同可以规定为民事法律行为。

（3）小结

综上所述，行为作为民事法律事实包括丰富的制度，其主要内容大体可以围绕"平等"这一主线加以理解。行政或者司法行为包含平等的追求，民事法律行为基本上就是按照自由意志平等构建起来的，事实行为大体上也是围绕人的自由意志的延伸延展而来的。

五、民法基本原则

民法的各项制度可以围绕"平等主体之间权利义务关系"这条主线以及效率、公平、秩序、传统等原则加以理解，这一点在民法基本原则中也有充分的体现。

《民法总则》规定的基本原则包括：①平等原则，即《民法总则》第四条之规定：民事主体在民事活动中的法律地位一律平等。②自愿原则，即《民法总则》第五条之规定：民事主体从事民事活动，应当遵循自愿原则，按照自己的意思设立、变更、终止民事法律关系。③公平原则，即《民法总则》第六条之规定：民事主体从事民事活动，应当遵循公平原则，合理确定各方的权利和义务。④诚信原则，即《民法总则》第七条之规定：民事主体从事民事活动，应当遵循诚信原则，秉持诚实，恪守承诺。⑤合法原则与公序良俗原则，即《民法总则》第八条之规定：民事主体从事民事活动，不得违反法律，不得违背公序良俗。⑥绿色原则，即《民法总则》第九条之规定：民事主体从事民事活动，应当有利于节约资源、保护生态环境。

平等、自愿和诚信，是自由意志平等的体现。平等有多种含义，并不一定是自由意志平等。《民法总则》第四条规定与第五条规定,表明平等内涵是自由,是自由意志的平等。自由意志的平等也有不同的含义,一般的自由意志平等只是强调一方的意志不受另外一方的暴力强制,民法的自由意志平等则要求更高,不仅要求不受暴力强制,而且不受欺骗以及违背承诺之伤害。即"民事主体从事民事活动,应当遵循诚信原则,秉持诚实,恪守承诺"。相对而言,刑法和行政法对诚信的强调则有所不同,对于公权力也是高标准强调,而对于私权利则只是低标准要求,只有那些比较严重的不诚信行为才属于行政违法或者犯罪。公平、合法、公序良俗原则和绿色原则,是效率、公平、秩序、传统等原则在民法中的体现,这些原则相对于自由意志平等而言,处于次要和补充的地位。

微课堂21:

任何人不能因为自己的过错而获得利益

帕尔默的祖父是当地有名的富翁,特别重男轻女,在他身体还十分健壮的时候就立下遗嘱,将名下全部财产留给深受他喜爱的帕尔默,而未留给他的两个女儿一分一毫。老人的老伴已去世了,当然不必操这一份心。1882年帕尔默在纽约用毒药杀死了自己的祖父,被法庭判处监禁,但帕尔默是否能享有继承其祖父遗产的权利成了一个让法官头疼的疑难案件。

帕尔默的姑姑们主张,帕尔默杀死了被继承人,法律就不应当继续赋予帕尔默继承遗产的任何权利。但当时纽约州的法律并未明确规定如果继承人杀死被继承人将当然丧失继承权,相反,帕尔默的祖父生前所立遗嘱完全符合法律规定的有效条件。

因此,帕尔默的律师说,就像某人不能因诽谤了他人名誉而失去自己的名誉一样,帕尔默也不能因杀害被继承人而失去继承权。既然这份遗嘱在法律上是有效的,帕尔默就应当享有继承遗产的合法权利,反之,如果法院剥夺帕尔默的继承权,则是在更改法律。

审判这一案件的格雷法官亦支持律师的说法,他认为:法律的含义是由法律文本自身所使用的文字来界定的,而纽约州遗嘱法清楚确定,因而没有理由弃之不用。

但是,审理该案的另一位法官厄尔却认为,法规的真实含义不仅取决于法规文本,而且取决于文本之外的立法者意图,立法者的真实意图显然不会让杀人犯去继承遗产。他援引了一条古老的法律原则——任何人不能从其自身的过错中受益——来说明遗嘱法应被理解为否认以杀死继承人的方式来获取继承权。

最后,厄尔法官的意见占了优势,有四位法官支持他,而格雷法官只有一位支持者。纽约州最高法院判决剥夺帕尔默的继承权。

"任何人不能因为自己的过错而获得利益"作为一句古老的法律格言,是一条让几乎所有法律人津津乐道的重要法律原则。如果允许人从自己的错误行为中获取利益,那么,法律赖以生存的社会秩序便很可能遭到破坏。不过,在我国《民法总则》并没有这样一句原文,为什么呢?它的表达太过于绝对了,就像规则一样,太具体明确,只能以"全有或全无的方式"应用于个案当中,因此,不适合明文规定为法律文本上的原则。法律原则,应该具有弹性。

第五章

合同法

通过"合同是平等主体约定相互关系的法律"可以一句话理解合同法。不过,合同所确认的法律与一般意义上的法律是不同的:从法律制定看,合同是当事人共同制定的,而法律是国家制定或者认可的;从法律效力看,合同一般只对当事人产生约束力,而法律效力则具有普遍性,对一定区域的人都有约束力的。法律的制定需要非常复杂的博弈程序,既有民主表决又有各种制衡。但是,合同所确认的法律则是两个人依法协商就可以产生效力,这体现了合同的核心原则——自由。自由是合同法的灵魂,没有起码的基本自由,合同就不能成为当事人的法律,而给当事人足够充分的自由则是一部好合同法的标准。

　　"合同是平等主体约定相互关系的法律"，通过这句话大体可以理解整部合同法。为什么说合同是平等主体约定相互关系的法律呢？《合同法》第二条规定："本法所称合同是平等主体的自然人、法人、其他组织之间设立、变更、终止民事权利义务关系的协议。"简而言之，合同是平等主体约定确认民事权利义务的协议。而法律呢？按通常的说法就是，国家制定或者认可的、由国家强制力保障实施的权利义务规范。法律和合同都是要确认权利义务，从这个意义上讲，合同也是"法律"，具有法律约束力，违反合同就是违法，就可能受到国家强制力制裁。当然，合同与法律有本质上的不同，合同是平等主体之间约定相互关系的"法律"。合同所确认的法律与一般意义上的法律是不同的：①从法律制定看，合同是当事人共同制定的，而法律是国家制定或者认可的；②从法律效力看，合同一般只对当事人产生约束力，而法律效力则具有普遍性，对一定区域的人都有约束力。

　　深刻理解"合同是平等主体约定相互关系的法律"，可以帮助我们理解合同的定义，更可以帮助我们理解合同法的全貌。法律不是随便制定的，同样，合同的法律约束力也不是随便产生的。合同能成为当事人之间的法律，涉及两个基本要件：第一，双方当事人达成一致的意思表示，即"合同成立"；第二，合同得到法律认可，即"合同生效"，合同这种当事人之间的小法需要得到国家大法的认可才会具有法律约束力。《合同法》第二章"合同的订立"，就是规定"合同成立"问题。《合同法》第三章"合同的效力"，就是规定"合同生效"问题。《合同法》第四章"合同的履行"则是合同法律效力的具体体现。"合同的履行"就是当事人按照约定全面履行自己的义务，不履行或者不完全履行一般就要承担违约责任，于是有了第七章"违约责任"。合同成立、生效并不是一个静态的问题，也可能是动态的，如合同的变更、转让，于是有了《合同法》第五章"合同的变更和转让"。法律废止了，就没有法律约束力，那么，合同法律约束力如何终止呢？于是就有了《合同法》第六章"合同的权利义务终止"。诸如此类，合同的法律效力表现为各种各样复杂的规则，《合同法》第四章到第八章都是这样一些具体的规定。合同是平等主体约定相互关系的法律，更简而言之，就是合同具有效力。整个合同法就是围绕合同效力展开的，《合同法》第二章、第三章探讨合同效力的产生问题，《合同法》第四章到第八章则探讨合同效力表现出来的具体规则。《合同法》分则部分（第九章至第二十三章）讨论的是各具体有名合同的效力问题，其条文内容不外乎是讲这些合同的成立、生效以及效力的具体体现。

一、合同成立

"合同成立"，是双方当事人达成协议。文字上似乎很简单，但是，回到生活一看，就知道很复杂。你说协议达成，我说协议没达成，到底达成还是没达成，如何判断呢？为了判断是否达成协议，合同法创设了两个概念：要约和承诺。要约，是一方当事人以缔结合同为目的，向对方当事人提出合同条件，希望对方当事人接受的意思表示；承诺，就是受要约人同意要约的意思表示。

一个说要订立合同，一个同意订立合同，合同当然就成立了，为什么要搞得这么复杂，弄出"要约""承诺"这么抽象的名词和一堆复杂的规则呢？这是由现实生活复杂性决定的，你说你的表达已经足够展示"确定要订立合同"的意思了，对方可能说没有，怎么判断呢？《合同法》

第十四条规定了明确的判断标准:(一)内容具体确定;(二)表明经受要约人承诺,要约人即受该意思表示约束。那么,什么是承诺? 一般理解就是同意订立合同,但是,这样表达太容易产生歧义了,并不是每个人同意都能达到承诺的效果,《合同法》第二十一条作了规范的界定:"承诺是受要约人同意要约的意思表示。"同意意味着"承诺的内容应当与要约的内容一致",但《合同法》并没有要求严丝合缝的一致,《合同法》第三十条、第三十一条规定:"受要约人对要约的内容作出实质性变更的,为新要约。有关合同标的、数量、质量、价款或者报酬、履行期限、履行地点和方式、违约责任和解决争议方法等的变更,是对要约内容的实质性变更。""承诺对要约的内容作出非实质性变更的,除要约人及时表示反对或者要约表明承诺不得对要约的内容作出任何变更的以外,该承诺有效,合同的内容以承诺的内容为准。"这些规定表明只要达到实质性一致就是同意。

双方当事人的协议达成,必须具备要约、承诺两个要素。但是,生活中的要约、承诺是动态变化的意思表示,所以,还要考察要约、承诺效力的产生、变更和终止的过程。要约生效实行到达主义原则,要约可以因撤回而不产生效力,要约可以因撤销或者过期而失去效力。承诺生效实行到达主义原则,承诺可以因撤回而不产生效力,逾期承诺一般为新要约,但也有例外。"受要约人在承诺期限内发出承诺,按照通常情形能够及时到达要约人,但因其他原因承诺到达要约人时超过承诺期限的,除要约人及时通知受要约人因承诺超过期限不接受该承诺的以外,该承诺有效"❶。

总之,一个有效的要约(效力已产生、未变更和终止)加上针对它的有效承诺,合同才会成立,不仅要从内容上考察一个意思表示是否

---

❶《合同法》第二十九条。

是要约、承诺,还要注意其效力的动态变化问题。要约、承诺规则虽然复杂,但仍离不开"合同是当事人之间的法律"这一核心要点,合同法律约束力产生的前提之一是当事人达成协议,即通过要约与承诺达成意思表示一致。

二、合同生效

《合同法》第三章"合同的效力",就是规定"合同生效"的问题。《合同法》第四十四条规定:"依法成立的合同,自成立时生效。"合同成立并不一定生效,只有依法才生效,也就是说,只有具备法定生效要件才能生效。法定生效要件包括一般生效要件和特殊生效要件。一般生效要件是所有合同生效必须具备的基本条件,特殊生效要件则是法律特别规定(如法律、行政法规规定应当办理批准、登记等手续生效的)或当事人特别约定的(如附条件或者附期限合同)生效要件。一般生效要件包括三方面:一是当事人具有相应的订立合同的行为能力;二是意思表示真实;三是不违反法律和行政法规的强制性规定或者损害公共利益。具备这样三个要件就是有效合同,如果没有法律特别规定或当事人特别约定,也就生效了。

有些人可能以为不具备这样三个要件的某一个要件的合同,就是无效合同,其实不然。一个合同不是有效合同,它可能是无效合同,也可能是可撤销(可变更)合同或者效力未定合同(经补正生效的合同)。

如果只是不具备第一个要件——当事人具有相应的订立合同的行为能力,这个合同可能是无效合同或者须经补正生效的合同。无行为能力人订立的合同是无效合同,而其他情况下则是须经补正生效的合同,包括:限制民事行为能力人订立的合同(纯获利益的合同或者与其年龄、智力、精神健康状况相适应而订立的合同除外),无权代理人以被代理人名义订立的合同(构成表见代理的除外),无处分权人处分他人财产所订立的合同,法人或者其他组织的法定代表人、负责人超越权限且相对人知道或者应当知道其超越权限而订立的合同。须经补正生效的合同,效力没确定,怎么让它确定呢? 享有权利的第三人有追认权与拒绝权,同时,相对人享有催告权,善意相对人享有撤销权,这些都可以让合同效力确定。

如果只是不具备第二个要件——意思表示真实,则通常是可撤销(可变更)合同❶。意思表示不真实,是指行为人表现于外部的意志与其内心的真实意志不一致,即行为人表示要追求的某种民事后果并非其内心真正希望出现的后果。这类行为可因虚假表示、误解、欺诈、胁迫、乘人之危等原因引起。《合同法》第五十四条规定的"因重大误解订立的"合同,"在订立合同时显失公平的"合同"一方以欺诈、胁迫的手段或者乘人之危,使对方在违背真实意思的情况下订立的合同",都可以归结为意思表示不真实,都属于可撤销(可变更)合同。

如果不具备第三个要件——不违反法律和行政法规的强制性规定或者损害公共利益,那么,这个合同是无效合同。《合同法》第五十二条规定:"有下列情形之一的,合同无效:(一)一方以欺诈、胁迫的手段订立合同,损害国家利益;(二)恶意串通,损害国家、集体或者第三人利益;(三)以合法形式掩盖非法目的;(四)损害社会公共利益;(五)违反

---

❶意思表示不真实的法律后果可能是可撤销(可变更)合同,也可能是无效合同。不过,意思表示不真实的合同还必须具备《中华人民共和国合同法》第五十二条、第五十三条的情形才构成无效合同。

法律、行政法规的强制性规定。"第五十三条规定:"合同中的下列免责条款无效:(一)造成对方人身伤害的;(二)因故意或者重大过失造成对方财产损失的。"这两条规定罗列的各种构成无效的情形都可以归纳为缺少第三个要件。

私约不损公法。合同作为当事人之间的法律只是小法,只有依照法律这种大法成立,才会具有效力。不过,大法约束小法也不是随便可以约束的。一般来说,只要是没有伤害他人的自愿交易行为,就是有效的,法律就不能不让这种行为生效。没有相应的行为能力是非自愿交易,所以不是有效行为,需要由具备相应行为能力的人追认补正。意思表示不真实是非自愿交易,所以不是有效行为,但是又因为意思表示是可以改变的,所以规定为可撤销行为而不是无效行为。违反法律和行政法规的强制性规定的合同无效,但是,这要求法律和行政法规的强制性规定只能是针对伤害他人和社会公共利益行为的强制性规范,否则,这些法律和行政法规可能是恶法。

合同无效,或者被撤销,或者效力未定合同没有得到追认补正,就没有生效,没有产生"当事人之间的法律"的约束力。因此,这一过程中,如果哪一方有损失,只能通过侵权责任而不是违约责任寻求救济。如《合同法》第五十八条规定:"合同无效或者被撤销后,因该合同取得的财产,应当予以返还;不能返还或者没有必要返还的,应当折价补偿。有过错的一方应当赔偿对方因此所受到的损失,双方都有过错的,应当各自承担相应的责任。"

合同法的精髓是"合意创立法律"，这句话的潜在含义是法律也不得损害合意。为此，《美国宪法》第一条第十款特别规定：任何一个州都不得"通过任何公民权利剥夺法案、追溯既往的法律或损害契约义务的法律"。

在这方面，有个著名的案例——达特茅斯学院诉伍德沃德。

达特茅斯学院，是美国历史最悠久的世界顶尖学府之一，也是闻名遐迩的私立八大常春藤联盟之一。1769年12月13日，经英王乔治三世的特许令状授权，达特茅斯学院正式成立。根据这一特许状，学院建立了用于募捐的信托基金，设立了管理学院的董事会，它有权补充董事缺额，选任院长。这桩诉讼案的起因在于学校董事会和院长小惠洛克之间的内斗。小惠洛克是达特茅斯学院创始院长老惠洛克的儿子，他在父亲过世后当上了院长。小惠洛克更热衷于革命，办学上乏善可陈，深为达特茅斯学院董事会所不满，最终导致其1815年被免职。小惠洛克被免后，恼羞成怒，说服了该校所在的新罕布什尔州的议会立法废除1769年英皇的批文，将学校收归公有，校名改为达特茅斯大学，并任命小惠洛克为校长。达特茅斯学院掌管印信和账本的秘书长伍德沃德顶不住州政府的压力，带着印信和账本跑到新成立的州立大学了。达特茅斯董事会对此当然不满，他们奋起维权，于是以状告伍德沃德的方式，试图在法庭上推翻州议会的决定。这个官司一波三折，在新罕布什尔州的两级法院，董事会都打输了，最后他们上诉到了联邦最高法院。1819年2月2日，马歇尔执掌的美国最高法院以6:1的投票结果,通过了支持达特茅斯学院、宣告新罕布什尔州议会立法无效的判决。判决认为,英王乔治三世的特许令状是联邦宪法要保护的契约,新罕布什尔州议会通过的法案属于损害契约的行为,即违反美国宪法第一条第十款之规定——任何一个州都不得"通过任何公民权利剥夺法案、追溯既往的法律或损害契约义务的法律"。

　　法律不得损害合意,也称为契约神圣原则。当然,这个世界上没有什么绝对神圣的东西,正如合同生效的要件所讲的——合同这一当事人之间约定的"小法"不得违背"大法",契约虽然神圣,但是也受到代表公共利益的"大法"限制。代表公共利益的"大法"介入合同也不是没有限制的,首先,以公共利益介入私人之间的合同义务需要符合比例原则;其次,在通常情形下,契约神圣就是最好的公共利益,也就是说以公共利益介入私人之间的合同义务通常是没有必要的。

三、合同履行

《合同法》第四章到第八章则探讨合同效力的具体体现,履行是合同效力的具体体现,所以,这部分也可以理解为合同履行(或者不履行、不完全履行)的规则。

合同的效力体现为履行,是不是只要按照约定全面履行自己的义务就可以呢? 合同法对此作了否定性的规定,当事人除了应当按照约定全面履行自己的义务,还必须"遵循诚实信用原则,根据合同的性质、目的和交易习惯履行通知、协助、保密等义务"❶,也就是说除了完成约定义务,还必须完成约定以外按照诚信原则应该完成的义务。

合同应该按约定履行,但是,如果约定不明,怎么办? 对此,当事人可以协议补充;不能达成补充协议的,按照合同有关条款或者交易习惯确定;如果上述规则还不能确定合同内容的话,则适用合同法的补救规则。❷

---

❶《合同法》第六十条。

❷《合同法》第六十二条。

微课堂23：

《威尼斯商人》的合同法内涵

《威尼斯商人》是英国戏剧家莎士比亚创作的戏剧，是一部具有讽刺性的喜剧。该剧的主要情节是：威尼斯富商安东尼奥为了成全好友巴萨尼奥的婚事，向高利贷者夏洛克借债。

威尼斯富商安东尼奥的好朋友巴萨尼奥因要向贝尔蒙脱的继承了万贯家财的美丽女郎鲍西娅求婚，而向安东尼奥借贷3000块金币，而安东尼奥身边已无余钱，只有向夏洛克以自己尚未回港的商船作为抵押品，借3000块金币。由于安东尼奥之前贷款给人从不要利息，并帮夏洛克的女儿私奔，怀恨在心的夏洛克乘机报复，佯装也不要利息，但若逾期不还，要从安东尼奥身上割下一磅肉。在一番口舌之后，安东尼奥答应了，与夏洛克定了合约。

不巧传来安东尼奥的商船失事的消息，资金周转不灵，贷款无力偿还。夏洛克去法庭控告，根据合约条文，安东尼奥就要遭到夏洛克索取一磅肉的噩运。因这一磅肉可能会导致他的性命不保。为了救安东尼奥的性命，巴萨尼奥的未婚妻鲍西娅假扮律师出庭，她答允夏洛克的要求，但要求所割的一磅肉必须正好是一磅肉，不能多也不能少，更不准流血，否则就用他的性命及财产来补赎。因此，安东尼奥获救，并且，庭上宣布以谋害威尼斯市民的罪名，没收夏洛克财产的二分之一，另外二分之一则给安东尼奥。而后者却把这笔意外的财产让给了夏洛克的女婿、自己的朋友——罗伦佐。夏洛克见阴谋失败，也只好答应了，害人不成反而失去了财产。

在剧中的威尼斯，合同等同于法律已经是一项普遍的原则，因此,虽然法庭也清楚"割一磅肉"的契约是荒唐的,是无理的。但是,"公爵不能变更法律的规定,因为威尼斯的繁荣,完全倚赖着各国人民的来往通商,要是剥夺了异邦人应享的权利,一定会使人对威尼斯的法治精神产生重大的怀疑"❶。后来,鲍西娅巧妙地运用了合同条款的解释,使得夏洛克不得不撤诉。这是运用合同解释赢得官司的经典案例。

❶ 莎士比亚. 莎士比亚全集:第三卷 [M]. 朱生豪,译. 北京:人民文学出版社,1978: 63.

　　合同应该按约定履行,但债务人想提前履行或者部分履行,怎么办? 对此,债权人可以拒绝债务人提前(部分)履行债务,但提前(部分)履行不损害债权人利益的除外。同时,债务人提前(部分)履行债务给债权人增加的费用,由债务人负担。

　　合同应该按约定履行,但一方不履行或者可能丧失履行能力,另一方还要按约定履行吗?《合同法》第六十六条至第六十八条规定了抗辩权,在符合条件的前提下,可以拒绝履行或者拒绝对方相应的履行请求。具体包括:①同时履行抗辩权。当事人互负债务,没有先后履行顺序的,应当同时履行,一方在对方履行之前有权拒绝其履行要求,一方在对方履行债务不符合约定时,有权拒绝其相应的履行要求。②先履行抗辩权。当事人互负债务,有先后履行顺序,先履行一方未履行的,后履行一方有权拒绝其履行要求,先履行一方履行债务不符合约定的,后履行一方有权拒绝其相应的履行要求。③不安抗辩权。应当先履行债务的当事人,有确切证据证明对方有下列情形之一的,可以中止履行:"(一)经营状况严重恶化;(二)转移财产、抽逃资金,以逃避债务;(三)丧失商业信誉;(四)有丧失或者可能丧失履行债务能力的其他情形。"

　　合同应该按约定履行,但是合同变更后,合同履行就要相应变化。在一般情况下,合同的变更与合同的订立一样,是双方法律行为,必须双方当事人协商一致,并在原来合同的基础上达成新的协议。但是,在基于法律的直接规定变更合同,或者在情势变更的情况下,无须征得对方当事人的同意,单方变更合同,亦能产生法律上的效力。纯粹的债权转让也属于单方变更合同,除不具可以移转性的债权外,债权人可以自由转让债权,前提是应当通知债务人,未经通知,该转让对债务人不发生效力。

　　合同终止,就不必履行。因此,《合同法》第六章"合同终止"也可以视为特殊的履行规则理解,履行、解除、抵销、提存、免除和混同都能让合同权利义务终止。一方当事人不履行(不完全履行),另一方当事人怎么办呢? 一个习惯性的思维就是追究对方的违约责任。事实上,除了追究违约责任外,还可以选择抗辩。另外,当不履行(不完全履行)达到根本违约时,还可以选择解除合同。一方当事人拒绝受领,另一方当事人怎么办呢? 可以选择提存。双方互负债权债务,可以考虑抵销。这些都能产生终止合同的效果。

　　违约责任是当事人不履行或者不完全履行生效合同所应当承担的法律责任。违约责任是针对生效合同而言的,合同没生效,自然不会产生违约责任。合同是当事人之间的法律,违约责任只能发生在当事人之间。《合同法》第六十四条以及第一百二十一条都确认第三人不可能承担违约责任。一般而言,不履行或者不完全履行生效合同就是违约,但也有例外,抗辩就不属于违约,合法解除合同就不是违约,抵销不履行就不是违约。一般而言,违约就要承担违约责任,但是,部分违约行为还需要当事人有过错才承担违约责任;部分违约行为,也可能因为法律规定和当事人的谅解而无须承担违约责任。

　　合同是当事人之间的法律,债权人通常只能要求债务人履行债务或承担责任,但是,当债务人财产不当减少(包括怠于行使对第三人的到期债权、主动放弃到期债权、无偿或者低价处分财产),给债权人带来危害,债权人可以行使代位权或撤销权。代位权是债权人以自己的名义行使债务人对第三人的到期债权,撤销权是撤销债务人主动放弃到期债权、无偿或者低价处分财产等行为。一般而言,合同具有相对性,债权人原则上只能向债务人请求履行,债券效力不及于第三人,而代位权和撤销权制度则是合同相对性规则的例外。

微课堂24：

啤酒里的蜗牛
——多诺休诉
斯蒂文森案

1928年8月26日的傍晚，多诺休女士与一位朋友去一家咖啡厅。该朋友给她买了一瓶姜啤酒，该啤酒瓶是不透明的。多诺休太太倒了一半啤酒到杯子里，喝完这杯啤酒后，将酒瓶里剩下的酒倒出，却发现在啤酒里居然有一只未完全腐烂的蜗牛。多诺休太太看着这只蜗牛，想想已经进肚的啤酒，焦虑不安，以致身体不适。她起诉了制造商，认为他们有责任去发现蜗牛，防止其进到啤酒里去。此案一直打到英国最高审判机关，也就是贵族院。

合同相对性是合同法的基本规则。合同相对性，是指合同的义务和责任只发生在合同的当事人之间，合同之外的人不能够对合同提出任何法律上的权利，一个合同发生一个交易，合同履行后一笔交易即告结束。用一个更简练的法律术语表述就是，"货物出门，概不负责"。这个法律规则保证了交易的高效率。但是，有规则即有例外。这个案例就是取消了消费者和制造者之间必须存在"合同的相互关系"的例外案例。在本案之前，处于多诺休太太法律地位的人不能获得赔偿，因为她不是购买该啤酒的人，即她不是合同的当事人。但是，自从这个案件之后，"合同的相对性"在此问题不再适用，消费者和制造者之间即使没有合同，同样产生法律上的关系。不过，这个案例对"合同的相对性"的突破是源自侵权责任法，而不是合同法，合同责任本身仍然是相对性的。

合同履行规则内容丰富，大体都能在"合同是平等主体约定相互关系的法律"这一框架下得到理解。作为当事人之间的法律，合同应该按照当事人之间的自愿约定履行，按照当事人之间的自愿约定解除、变更、转让、抵销，甚至也可以按照自愿约定承担违约责任。但是，合同履行的规则远远超过这些内容，包含诸多约定之外的法定内容，这些法定内容依照什么准则确定呢？最主要就是平等，平等包括自由意志平等，也包括利益的平衡。例如，如果纯粹考虑自由意志的平等，债权人可以拒绝债务人提前履行债务，但是，考虑到利益平衡，合同法规定提前履行不损害债权人利益，债权人不能拒绝。当事人可以自由约定违约金，但是，《合同法》第一百一十四条规定，"约定的违约金低于造成的损失的，当事人可以请求人民法院或者仲裁机构予以增加；约定的违约金过分高于造成的损失的，当事人可以请求人民法院或者仲裁机构予以适当减少"，这显然也是考虑到利益平衡。"当事人既约定违约金，又约定定金的，一方违约时，对方可以选择适用违约金或者定金条款"❶，"当事人一方违约后，对方应当采取适当措施防止损失的扩大；没有采取适当措施致使损失扩大的，不得就扩大的损失要求赔偿"❷等，也是从利益平衡角度作的规定。再比如，合同是当事人之间的相互约定，于是有了合同相对性规则，但考虑利益平衡，合同法又创设了代位权和撤销权。

---

❶《合同法》第一百一十六条。
❷《合同法》第一百一十九条。

四、合同法分则

　　《合同法》第九章至第二十三章为分则部分,也可以在"合同是平等主体约定相互关系的法律"框架下理解。分则要解决的是各类具体合同的规则。因此,第一,得了解每一类合同具体当事人是谁;第二,各类具体合同的法律约束力是怎么产生的,即各类具体合同的成立、生效问题;第三,各类具体合同法律约束力的体现,即各类具体合同的权利义务规则。第一个问题大体可以结合各类有名合同的名称加以理解,下面着重讲讲第二个问题和第三个问题。

　　针对第二个问题,围绕合同成立、生效有两类分类标准。

　　一是诺成合同与实践合同,其分类标准为合同的成立是否需要实际交付实物。诺成合同指当事人意思表示一致便告成立的合同;实践合同又称为要物合同,指除了当事人双方意思表示一致外,尚需交付标的物才能成立的合同。多数合同为诺成合同;保管合同、定金合同、使用借贷合同、借用合同和自然人之间的借款合同为实践合同。

　　二是要式合同与不要式合同,其分类标准为合同成立、生效是否以一定形式为要件。要式合同,是指依据法律规定必须采取一定形式方能成立、生效的合同;不要式合同,是指当事人订立的合同不需要采取法律规定的某种形式,当事人可以任意约定合同的形式。多数合同为不要式合同,这是合同自由原则的体现。要式合同包括:①《中华人民共和国担保法》上规定的保证、抵押、质押、定金合同,金融机构的借款合同,建筑工程合同,融资租赁合同,技术开发合同,技术转让合同,这些合同要求必须采用书面形式。②需要登记或批准的合同,包括:专利权转让合同,注册商标权转让合同,中外合资经营企业合同,中外合作企业合同。❶③要物合同(实践合同),因为标的物的交付也是一种"形式"。

针对的第三个问题,围绕各具体合同权利义务的特点有以下五种分类标准。

一是单务合同与双务合同,其分类标准为当事人双方是否负对待给付义务,对待应指"给付大体对价",如附条件赠与属于单务合同而不是双务合同,因为给付并不对价。多数合同为双务合同,借用合同、赠与合同、无偿保管合同都是单务合同。单务合同与双务合同的区分在法律上有两重意义:①双务合同适用同时履行抗辩权规则,而单务合同不适用。②在风险负担上是不同的。双务合同中,如果当事人因不可抗力导致其不能履行合同义务,其合同义务应被免除,其享有的合同权利亦应消灭。在此情况下,一方当事人因不再负有合同义务,也无权要求对方作出履行;在单务合同中,不存在双务合同中的风险负担问题。

二是有偿合同与无偿合同,其分类标准为取得权利(利益)是否必须给付对价。单务合同与双务合同要看"双方"义务;有偿合同与无偿合同看权利(利益),取得权利(利益)必须给付对价。多数合同均属有偿合同;赠与合同、保证合同和借用合同为无偿合同,自然人之间的借贷合同、保管合同和委托合同可为有偿合同也可为无偿合同,没约定推定为无偿。一般而言,双务合同均属有偿合同,但单务合同并非都是无偿合同,如有偿的自然人借贷合同为单务合同,自然人借贷合同是在交付标的物后生效,因此,生效后的义务是借贷人的还款和给付利息的义务,出借人没有给付对价的义务。有偿合同与无偿合同的区分在法律上有三重意义:①义务内容不同。在无偿合同中,利益的出

---

❶房屋买卖合同、城市私有房屋租赁合同不属于需要经登记、批准而成立的合同。

让人原则上只需承担较低的注意义务；而在有偿合同中，当事人所承担的注意义务显然大于无偿合同。②主体要求不同。在有偿合同中，当事人双方均必须是完全行为能力人；而在无偿合同中，无行为能力人和限制行为能力人可以成为纯受益的一方当事人。③对债权人行使撤销权来讲，如果债务人将其财产无偿转让给第三人，严重减少债务人的财产，有害于债权人的债权，债权人可以请求撤销该转让行为。但对于有偿合同而且不是明显的低价处分合同，债权人的撤销权只有在第三人有恶意时方能行使。在善意取得制度中，往往也要求善意第三人是通过有偿合同取得该动产，否则善意取得不能成立。

三是有名合同与无名合同，其分类标准为法律上是否规定了一定合同的名称。有名合同直接适用《国合同法》中的专门规定，无名合同的法律适用较为复杂，通常是参照《合同法》中相近的有名合同。

四是格式合同和非格式合同，其分类标准为是否包含格式条款。格式条款是当事人为了重复使用而预先拟订，并在订立合同时未与对方协商的条款。我国合同法对格式合同条款的法律调整，主要从三个方面进行：①采用格式条款订立合同的，提供格式条款的一方应当遵循公平原则确定当事人之间的权利和义务，并采取合理的方式提请对方注意免除或者限制其责任的条款，按照对方的要求，对该条款予以说明。不按公平原则确定权利义务的，对方当事人可以援引《合同法》第五十四条关于显失公平的规定，要求变更或撤销合同。不作提醒注意和解释说明，导致对方没有注意免除或者限制其责任的条款，对方当事人有权申请撤销该格式条款。②格式条款具有《合同法》第五十二条和第五十三条规定情形的，或者提供格式条款一方免除其责任、加重对方责任、排除对方主要权利的，该条款无效。③对格式条款的理解发生争议的，应当按照通常理解予以解释。对格式条款有两种以上解释的,应当作出不利于提供格式条款的一方当事人的解释。格式条款与非格式条款不一致的,应当采用非格式条款。

五是根据标的物性质确定的分类。根据这一标准,《合同法》分则规定的有名合同,可分为七大类。这种划分方法中包含着一项法律适用的规则,就是在这七类合同中,总有一个合同确立了某一类合同法律适用的一般规则,这其实就是在《合同法》分则中的一般法和特别法。①移转财产所有权的合同,包括买卖,供用电、水、气、热力,赠与,借款。买卖合同确定了这一类合同法律适用的一般规则。②移转财产使用权的合同,租赁合同确立了这一类合同法律适用的一般规则,融资租赁合同在相关问题上没有作出不同于租赁合同的规定的,直接适用租赁合同的规定。③以特定的工具和技能完成一定的工作任务的合同,承揽合同确立了这类合同法律适用的一般规则,对建设工程合同,没有作出不同于承揽合同规定的时候,直接适用承揽合同的规定。④运输合同,从运输合同的章节安排来看,它的第一节就是关于运输合同的一般规定。⑤技术合同,从技术合同的章节安排来看,它的第一节就是关于技术合同的一般规定,确立了这一类合同法律适用的一般规则。技术开发合同、技术转让合同、技术咨询和技术服务合同都适用这个一般规定。⑥以特定的场所来进行服务的合同,保管合同确立了这一类合同法律适用的一般规则,仓储合同在没有作出不同于保管合同的规定时,直接适用保管合同的规定。⑦以特定的社会技能来提供服务的合同,其中委托合同确定了这一类合同法律适用的一般规则。在行纪合同和居间合同没有作出不同于委托合同规定的时候,直接适用委托合同的规定。这七大类又可以简化为两大类:移转财产所有权合同和移转财产使用权合同都属于财产转移合同,有关财产标的物交付的规则可以参照买卖合同规则。后面五小类,可概括为提供工作服务的合同,其共同特点包括:人身性(亲自提供服务),委托人(定做人、托运人等)的任意变更解除权。

以上讲的只是《合同法》分则的概貌,具体到每个具体的有名合同如何掌握呢? 同样也可以在"合同是平等主体约定相互关系的法律"框架下理解,只要搞清每一种合同的当事人、效力产生以及履行的规则,就可以明确其法律规范。例如买卖合同,首先要注意它的基本当事人出卖人和买受人。其次是从成立、生效角度看,它属于诺成和不要式合同。最后,从履行的规则看,出卖人的主要义务是转移标的物的所有权于买受人,而买受人主要义务是支付价款。在生活中,比较容易产生争议的是履行规则。所以,整个买卖合同的内容主要就是围绕履行规则展开的,这些规则虽然内容丰富,但不外乎标的物和价款移转的具体情况的细化。诸如此类,各个具体有名合同都可以按照这个思路掌握。

五、合同法基本原则

透过"合同是平等主体约定相互关系的法律"可以把握合同法的全貌,也可以透视合同法的基本原则。法律的制定需要非常复杂的博弈程序,既有民主表决又有各种制衡,但是,合同则是两个人依法协商就可以产生效力,这体现了合同的一项重要的基本原则——自由。自由是合同法的灵魂,没有起码的基本自由,合同就不能成为当事人的法律,而给当事人足够充分的自由则是一部好合同法的标准。为什么自由应该成为合同法的基本原则? 首先,"合同是平等主体约定相互关系的法律",平等意味着双方自由意志平等,一方不得将自己的意志强加给对方;其次,广泛让当事人自由达成协议约束自己的行为才能实现社会整体利益的最大化。《合同法》第一章第三条至第七条规定了《合同法》的基本原则,可概括为六项:即第三条规定的平等原则,第四条规定的自愿(自由)原则,第五条规定的公平原则,第六条规定的诚实信用原则,第七条规定的公序良俗原则和合法原则。平等原则指地位平等,一方的意志不得强加给另一方;自由原则,指当事人自由意志达成一致可设立、变更、终止合同(即当事人之间的法律),包括自由订立、变更、解除、抵销等;公平原则是指当事人之间利益平衡原则;诚实信用原则是自由意志平等原则的延伸,违反诚实信用原则,欺骗或者不守承诺,就其本质而言,也构成对他人意志的强制;公序良俗原则和合法原则,主要是利益平衡的体现。可见,合同法各项原则背后的主线是平等原则(包括自由意志平等和利益平等)。

第六章

行政法

通过"行政是政府以及具有行政权的组织为实现公共利益的管理活动"可以一句话理解行政法。行政法所谈的政府管理并不仅仅是对危害社会行为的制止，更主要的是促进社会合作，增进公共利益。政府管理的目的是实现公共利益。宪法在一定程度上解决了实现公共利益的问题，但远远不够。通过行政法对行政权的控制和规范也是保证政府公益性的重要方法。公共利益是共同体内"所有个人利益的总和"。如果共同体内所有个人对于特定公共利益的价值选择一致，那是最好的；但是，绝大多数情况下，总有人有不同的价值选择，因此，需要一套复杂的行政法制度来保证公共利益。

　　所谓行政是指政府以及具有行政权的组织为实现公共利益的管理活动。从这个意义上讲,行政法的内容可围绕"行政是政府以及具有行政权的组织为实现公共利益的管理活动"这一句话来掌握。拥有行政权的组织可能是政府,也可能是非政府组织,但主要是政府组织,"政府以及具有行政权的组织为实现公共利益的管理活动"这句话包括两个点:一是政府管理,二是公共利益。也就是说,行政法大体是围绕这两个点延展开来的。

　　追究刑事责任的行为也具有政府管理的因素,不过,这不属于行政法范畴,而属于刑事法(刑法和刑事诉讼法)的范畴。刑事法所规范的行为属于危害社会的反社会行为,行政法所规范的行为尚属社会可容忍范围之内。行政管理的主体是行政机关;而刑事法的实现,国家则必须动用包括行政(负责侦查的公安机关和负责执行的监狱机关)、司法(负责起诉的检察机关和负责审判的法院)在内的强制性力量。除了针对危害社会的行为外,行政法还强调对社会行为的协调。人是社会动物,共同生活在一个社会屋檐下,人们之间有冲突也有合作,虽然民事责任、行政处罚和刑罚处罚可以减少冲突,追求利益最大化的行为也自然会让人们自愿合作,但如果没有通过行政法设置的一些协调人们行为的制度,社会的和谐与合作不可能达到较高的水平。例如,交通规则可以减缓交通中的冲突,企业法人的登记制度可以让人们更放心地跟企业合作,身份证和户籍登记可以方便个人开展各类各样的社会合作,适当的社会福利制度可以增进社会和谐。可见,行政法所谈的政府管理并不仅仅是对危害社会行为的制止,更主要的是促进社会合作,增进公共利益。

政府管理的目的是实现公共利益,如何保证政府代表公共利益行为呢? 宪法在一定程度上解决了实现公共利益的问题,但远远不够,通过行政法对行政权的控制和规范也是保证政府公益性的重要方法。所谓公共利益,就是共同体内"所有个人利益的总和"。如果共同体内所有个人对于特定公共利益的价值选择一致,那是最好的,其个人利益的总和毫无疑问就是公共利益;但是,绝大多数情况下(有人认为所有情况),总有人有不同的价值选择,因此,需要一套复杂的《行政法》制度来保证公共利益。

行政虽然可以归纳为实现公共利益的行政管理活动,但是具体表现在行政法上,则有一系列的具体制度安排。学习行政法,一般从基本原则开始,然后再进一步了解行政法的具体法律制度。行政法具体内容可以围绕政府管理来理解。政府管理,从内部结构看,包括管理主体、管理行为以及对管理的监督和救济,据此,可以将行政法区分为行政组织法、行政行为法、行政监督法和行政救济法;从过程看,可以区分为事前、事中、事后,事前的如行政许可、行政指导,事中的如行政处罚,事后的如国家赔偿等。围绕政府管理的不同分类,行政法律制度的具体组成也有不同的构成。以下我们主要结合行政法教科书的通常体例来谈谈如何一句话理解行政法。

一、行政法基本原则

行政是政府以及具有行政权的组织为了实现公共利益的管理活动,如何体现公共利益呢,行政法采用这样一些基本原则:合法行政、合理行政、程序正当、高效便民、诚实守信和权责统一。这些代表行政法的最基本规则,是学习行政法首先要理解的。

行政法的第一项重要原则是行政合法原则。行政合法原则也称依法行政原则,即依照法律实施行政活动,指行政权力的存在、运用必须依据法律、符合法律。行政机关应当积极执行和实施现行法规定的行政义务,不履行法定的行政义务,构成不作为违法;同时,没有法律、法规和规章的规定,行政权不得作出影响公民、法人和其他组织合法权益(或者增加公民、法人和其他组织义务)的决定。现代政府是人民的政府,但是,行政行为则是政府管理人民的行为,为了促使政府能代表人民的利益,必须用代表人民意志的法律制约政府,也就是依法行政。行政合法原则可进一步区分为三项次级原则:①法律保留原则,即"无法律则无行政",在英文中,行政与执行是一个词"Executive",其实行政就是对法律的执行,一切行政行为须由法律或者法律授权的规定作为依据。其中对相对人权益的影响越大的行为,越须由较高级别的法规定。如《中华人民共和国行政处罚法》规定:限制人身自由的行政处罚,只能由法律设定,行政法规可以设定除限制人身自由以外的行政处罚,地方性法规可以设定除限制人身自由、吊销企业营业执照以外的行政处罚。②法律优先原则,包括两层含义:法律优越于一切行政判断,行政机关的一切行为不得违反法律;法律优先于行政立法(行政法规和规章),下一位阶的法律规范不得与上一位阶的法律规范抵触。③司法审查原则,即行政纠纷服从法院的审查。

微课堂25:

警方为什么要
道歉?——
延安黄碟案

2002年8月18日晚,陕西省延安
万花山派出所接报,称其辖区一居民
家中正在看黄碟,四名民警借口进入
房间,房间里只有张某夫妻二人,电
视机已关闭。四人着警服,但未佩戴
警号和警帽,其中两人欲抱走电视机
和影碟机,遭张某阻止,警察抓住张

某头发将其按在床上,张某反抗,打伤民警尚某,警察以妨碍公
务将张某带回派出所,同时也带回了3张淫秽光碟、电视机和影
碟机。2002年8月19日,张某家人写下"保单"、交2000元罚款,
张某被保回家。经延安大学医学院附属医院诊断张某多处软组
织挫伤。

2002年10月21日,即事发两个月以后,宝塔公安分局以涉
嫌"妨碍公务"为由刑事拘留了张某。10月28日,警方向检察机
关提请逮捕张某;11月4日,检察院以事实不清、证据不足为由
退回补充侦查;11月5日,张某被取保候审;11月6日,张某在医
院被诊断为:"多处软组织挫伤(头、颈、两肩、胸壁、双膝),并伴
有精神障碍";12月5日,宝塔公安分局决定撤销此案;12月31
日,张某夫妇及其律师与宝塔公安分局达成补偿协议,协议规
定:宝塔公安分局一次性补偿张某29137元;宝塔公安分局有关
领导向张某夫妇赔礼道歉;处分有关责任人。

行政合法原则要求,没有法律、法规和规章的规定,行政权
不得作出影响公民、法人和其他组织合法权益(或者增加公民、
法人和其他组织义务)的决定。联系本案,在《中华人民共和国
刑法》(以下简称《刑法》)《中华人民共和国治安管理处罚法》中

都未禁止公民在家看黄碟的行为；1985年国务院发布的《关于严禁淫秽物品的规定》禁止的也仅仅是聚众观看或在公共场所观看的行为，而且这一规定已在2001年废止。如此看来，张某夫妇的行为未有任何违法性可言。尽管警方有关人员认为，看黄碟的地点不是家，而是诊所（公共场所）。其实，本案中的地点，居办合一，居办未分，而且下班后就仅仅是居所。故此说不能成立。

　　行政法的第二项重要原则是行政合理原则。行政合理原则又称为行政适当原则,指行政行为应当公平公正、合乎立法目的和符合理性。合理性原则是合法性原则的补充与发展,要求行政行为不仅要遵循法律,而且要符合法律目的,可以让行政行为更好地代表公共利益。行政合理原则可进一步区分为以下次级原则:①明确性原则,即行政行为应清楚明白,确定可行。②平等原则,平等对待行政管理相对人,不偏私、不歧视。③比例原则,又称"禁止过度原则",包含以下三层含义:适当性原则,行政机关采取的手段必须能够达到所希望达到的目的;必要性原则,在一切适当的手段中必须选择对当事人侵害最小的那一个;法益相称性原则,行政机关采取的方法对相对人权益造成的侵害不得与欲达成的行政目的显失均衡,两者之间应当保持恰当的比例关系,行政手段对相对人权益的损害必须小于该行政目的之价值。

　　行政法的第三项重要原则是程序正当原则。行政行为,除涉及国家秘密和依法受到保护的商业秘密、个人隐私之外,应当公开。行政机关作出重要规定或者决定之前,应当听取公民、法人和其他组织的意见。行政机关要严格遵循法定程序,依法保障行政管理相对人、利害关系人的知情权、参与权和救济权,作出对当事人不利的行政决定之前,应当告知当事人并给予其陈述和申辩的机会。行政机关工作人员履行职责,与行政管理相对人存在利害关系时,应当回避。

　　行政法的第四项重要原则是高效便民原则。高效,即行政效率原则。行政主体实施行政管理,应积极履行法定职责,遵守法定时限,提高办事效率,禁止不作为和不合理迟延。便民,即便利当事人原则。行政主体实施行政管理,应当提供优质服务,不能增加当事人程序负担以及不合理延迟。

行政法的第五项重要原则是诚实守信原则。行政行为应以诚实信用方式为之,需要公开的信息应做到全面、准确和真实,并保护人民正当合理的信赖。行政主体不得擅自改变已经生效的行政决定。因公共利益或者其他法定事由需要撤回或者变更行政决定的,应依照法定程序进行,并对当事人因此受到的损失依法予以补偿,违法或者不当撤销或变更行政决定的,应予以赔偿。

行政法的第六项重要原则是权责统一。分为两个方面。第一是行政效能原则。行政机关依法履行经济、社会和文化事务管理职责,要由法律、法规赋予其相应的执法手段,保证政令有效。第二是行政责任原则。行政机关违法或者不当行使职权,应当依法承担法律责任。这一原则的基本要求是行政权力和法律责任的统一,即执法有保障、有权必有责、用权受监督、违法受追究和侵权须赔偿。

二、行政主体

行政主体是大多数行政法教科书所罗列的一项重要法律制度。行政主体是指依法享有行政权,能够以自己的名义对外行使该项权力,并独立承担行政责任、担当争讼当事人(包括行政复议当事人、行政诉讼当事人、赔偿义务机关）的组织。为什么要明确行政主体呢？行政是政府为了实现公共利益的管理活动，明确行政主体的理由可以从政府管理角度理解。政府是一个庞大的组织，如果没有明确的行政主体制度，以治安管理处罚为例，假设有人对治安处罚不满，想起诉某市治安管理大队，治安管理大队可能说它只是内部科室，所以应该起诉公安局；公安局可能说它是政府的一个部门，所以应该起诉政府；地方政府也可以说你应该起诉国务院，因为它是国务院领导下的。行政主体明确了，才能做到责任明确、职权明确，不至于出现互相推诿，这也正是权责统一这项原则所强调的，是让行政管理保持其公益性的必要。

　　国家行政机关（机构）是最主要的行政主体，但并不是所有行政机关（机构）都是行政主体，未经授权的内设机构、派出机构以及未经授权的议事协调机构不具有行政主体资格；也不是只有行政机关（机构）才成为行政主体，依照法定授权而获得行政权的非政府组织，也可以成为行政主体。依照法定授权可以具有行政主体资格的非政府组织包括四类：①授权的企业组织，如铁路运输企业、邮政企业、电信企业等公用事业企业；②授权的事业单位；③授权的社会团体，如行业协会；④授权的村民委员会和居民委员会。同样要注意的是，具备行政主体资格的组织并非在任何情况下都以行政主体资格行为，只有以自己名义行使行政职权时，才是行政主体。具备行政主体资格的组织也可能是行政管理的相对人而不是行政主体，在参与民事活动中也有可能成为民事法律关系中的主体，在这种情况下，其与对方当事人之间是平等关系，并不享有任何法律上的特权。行政主体的这些特点，均可结合"行政是政府以及其他具有行政权的组织为实现公共利益的管理活动"这句话加以理解。行政主体包括政府组织,也包括非政府组织,但是,非政府组织成为行政主体需要获得法定授权,而且只有少数条件下才是行政主体。可见,行政管理主要是政府管理。政府本身是一个庞大组织,所以,政府机关(机构)必须是以自己名义行使行政职权才是行政主体。

　　行政主体法律制度在行政法中通常被归为行政组织法的一个重要组成部分。传统意义上的行政组织包括中央国家行政机关和地方国家行政机关,于是行政组织法可以为中央国家行政机关组织法和地方国家行政机关组织法。任何组织都是由人构成的,行政组织在形式上虽以行政机关为主要单位,实际上是以构成机关之公务员为主要构成要素,因此,公务员法也是行政组织法的重要组成部分。随着社会发展和行政法研究的深入,各国的公共行政主体发生了一定的变化,各种除政府行政以外的社会公共行政也纳入研究范围,因此,非政府组织法律问题也是行政组织法的研究对象。这些都可以围绕"行政是政府以及其他具有行政权的组织为实现公共利益的管理活动"这句话加以理解。抓住具有行政权的组织这一行政管理主体的分类、构成以及发展趋势,就能大体把握行政组织法的主要线索。

三、行政行为法

　　行政行为法是大多数行政法教科书所强调的最主要的行政法律制度。行政行为是享有行政职权的行政主体运用行政权对行政相对人所作出的具有法律意义并产生法律效果的行为。行政行为生效要件包括：①主体合法，作出行政行为的组织具有行政主体资格，作出行政行为的行政主体的具体工作人员具备法定条件，作出行政行为在行政主体的权限范围内。②内容合法，行为有确凿的证据证明，有充分的事实根据；行为有明确的法律依据，正确适用了法律法规、规章和其他规范性文件；行为公正、合理，符合立法目的和立法精神。③程序合法，行政行为符合行政程序法确定的基本原则和制度，符合法定的步骤和顺序。不同内容的行政行为有不同的法律效果，包括：赋予权益和剥夺权益，设定义务和免除义务，确认法律事实与法律地位，这些体现政府管理的不同功能。行政行为的法律效力包括：①先定力，即行政意志相对于相对人意志的支配力；②公定力，即行政主体作出行政行为，不论合法还是违法，都推定为合法有效，相关的当事人都应当先加以遵守或服从；③确定力，即有效成立的行政行为，具有不可变更力，即非依法不得随意变更或撤销，具有不可争辩力；④拘束力，即已生效具体行政行为所具有的约束和限制行政主体以及行政相对人的行为的法律效力；⑤执行力，指已生效具体行政行为要求行政主体和行政相对人对其内容予以实现的法律效力。对比其他法律行为，行政行为的法律效力在生效要件、具体内容和法律效力性质方面都有其特殊性，这些特性大体上都是行政作为"为实现公共利益的管理活动"的性质所决定的。

微课堂26：

被退学的田×为什么还可以拿到毕业证书

1998 年，北京市海淀区法院受理了田×诉北京某大学拒绝颁发毕业证、学位证行政诉讼案。原告田×是北京某大学应用科学学院物理化学系94级学生。1996年2月参加电磁学的课程补考时，随身携带写有电磁学公式的纸条，中途去厕所，纸条掉了出来，被跟随的监考老师发现，虽然没抓到正在抄袭的直接证据，但监考老师还是按考场纪律，将其考卷以零分计算。北京某大学根据该校"068号"文件《关于严格考试管理的紧急通知》第3条第5项的规定，决定对田×按退学处理，并填发了学籍变动通知。但是，北京某大学没有直接向田×宣布处分决定和送达变更学籍通知，也未给田×办理退学手续。1996年3月，原告田×的学生证丢失，未进行1995至1996学年第二学期的注册。同年9月，被告北京某大学为田×补办了学生证。其后，北京某大学每学年均收取田×交纳的教育费，并为田×进行注册、发放大学生补助津贴，还安排田×参加了大学生毕业实习设计，并由论文指导教师领取了学校发放的毕业设计结业费。田×继续以在校大学生的身份修完了四年的本科课程，学习成绩和毕业论文已经达到高等学校毕业生水平。临近毕业时，北京某大学有关部门以原告田×不具有学籍为由，拒绝为其颁发毕业证、学位证。原告田×认为被告行为违法，侵犯了其基本权利，请求法院撤销被告北京某大学的决定。

一审受理案件的北京市海淀区法院判决：被告北京某大学应向原告田×颁发大学本科毕业证书，并召集本校的学位评定委员会对原告田×的学士学位资格进行审核。二审法院驳回了被告北京某大学的上诉,维持了一审判决。本案判决的一个重要理由是"正当程序原则"。北京市海淀区法院一审判决认为:"按退学处理,涉及被处理者的受教育权利,从充分保障当事人权益的原则出发,作出处理决定的单位应当将该处理决定直接向被处理者本人宣布、送达,允许被处理者本人提出申辩意见。北京某大学没有照此原则办理,忽视当事人的申辩权利,这样的行政管理行为不具有合法性。"

　　行政立法,是指国家行政机关依照法律规定的权限和程序,制定行政法规和行政规章的活动。行政立法既有行政的性质,是一种抽象行政行为;又具有立法的性质,是一种准立法行为。行政立法的内容可以围绕这两方面掌握。行政的性质决定行政立法的执行性,行政立法只能执行权力机关制定的法律,是一种从属性的立法。作为从属性的立法,行政立法有这样几个特点:①不得与宪法、法律和同级地方性法规相抵触;②是一种较法律更具体、更明确、更细致的立法,是法律、法规的具体化;③是一种适应性较强,比法律的稳定性较差的立法;④由于行政管理的复杂和多层次性,使行政立法也在内容、效力和形式方面具有多样性。立法的性质决定行政立法必须遵循立法的程序。行政主体依法定权限制定行政法规和行政规章所应遵循的步骤、方式和顺序,具体包括:①起草,是指列入规划的需要制定的行政法规和规章,由人民政府各主管部门分别草拟法案;②征求意见,在起草行政法规和行政规章的过程中,应当广泛听取有关机关、公民和社会各组织的意见;③审查,是指行政法规和规章草案拟定之后,送交政府主管机构进行审议和核查的制度;④通过,是指法规、规章在起草和审查完毕后,交由主管机关的正式会议讨论表决的制度;⑤签署,行政法规、规章通过后,还须经制定机关的行政首长签署;⑥发布与备案,凡是未经发布的行政法规和行政规章都不能认为已发生效力,而备案则是指将已发布的行政法规和行政规章上报法定的机关,使其知晓,并在必要时备查的程序。

　　行政许可,是指行政主体根据行政相对方的申请,经依法审查,通过颁发许可证、执照等形式,赋予或确认行政相对方从事某种活动的法律资格或法律权利的一种具体行政行为。从实现公共利益的角度看,市场竞争是达成公共利益的优先手段,凡是市场竞争机制能够有效调节、行业组织或者中介机构能够自行管理的事项,不得设定行政许可;只有市场、社会自行解决不了的问题,政府才能介入,才能通过设定行政许可进行干预,这是整个行政许可法的总体指导思想。而行政许可法实现这一指导思想的具体原则可以结合行政法基本原则加以理解,包括:①合法性原则。即设定和实施行政许可,应当依照法定的权限、范围、条件和程序,其中对相对人权益的影响越大的许可,越须由较高级别的法规定。②公开、公平和公正原则。有关行政许可的规定应当公布;未经公布的,不得作为实施行政许可的依据。行政许可的实施和结果,除了涉及国家秘密、商业秘密或者个人隐私之外,应当公开。符合法定条件、标准的,申请人有依法取得行政许可的平等权利,行政机关不得歧视。③便民原则。行政机关实施行政许可,应当由一个机构统一受理申请,统一送达行政许可决定,并为公民、法人或者其他组织申请行政许可尽量提供方便。④救济原则。公民、法人或者其他组织对行政机关实施行政许可,享有陈述权和申辩权,有权依法申请行政复议或者提起行政诉讼,有权依法要求赔偿。⑤信赖保护原则。行政机关不得擅自改变已经生效的行政许可。行政许可所依据的法律、法规和规章修改或者废止的,或者准予行政许可所依据的客观情况发生重大变化的,为了公共利益的需要,可以依法变更或者撤回已经生效的行政许可,但应当对由此给公民、法人或者其他组织造成的财产损失依法给予补偿。⑥一般不得转让原则。依法取得的行政许可,除法律、法规规定可以转让外,不得转让。⑦监督原则。行政机关应当依法加强对行政机关实施行政许可和从事行政许可事项活动的监督。这些基本原则其实都是行政法基本原则的具体化,都是由"为实现公共利益的管理活动"衍生出来的。

行政强制是指行政主体为了实现一定的行政目的,保障行政管理的顺利进行,对行政相对方的人身及财产等采取的强制性的具体行政行为的总称。以行政强制行为的目的和程序的阶段性为标准,可分为即时性强制和执行性强制。即时性强制是指因情况紧急,为了达到预期的行政目的,行政主体不以相对方不履行义务为前提,即对人身的强制、对财产的强制和对住宅、工作场所等现场进行的强制,体现了应急原则。执行性强制也称为行政强制执行,是指公民、法人或其他组织拒不履行行政法上的义务,行政机关或人民法院依法采取强制措施,迫使其履行义务的具体行政行为。行政强制执行法的内容,可以从政府管理和公共利益两个角度加以把握。从政府管理角度看,政府可采用强制手段决定了行政强制执行行为的具体实施方式,包括对财产的行政强制执行方式——强制划拨,强制扣缴,强行退还,强行拆除;对人身的行政强制执行方式——强制拘留,强制传唤,强制履行,遣送出境;对行为的行政强制执行措施——即强制实施某种行为。从公共利益的角度看,公共利益的目的决定了行政强制执行的原则,包括:①平衡原则。既要保障行政机关履行职责,又要监督行政机关依法履行职责;既要维护公共利益和社会秩序,又要保护公民、法人和其他组织的合法权益与保障作为被强制对象的行政相对人权益的平衡。②比例原则。比例原则的核心内容是"最小损害",即行政机关为实现行政目的,在有多种手段、多种方法、多种途径可供选择时,应选择其中对相对人"最小损害"的手段、方法和途径。③法定原则。即行政强制的设定和实施,应当依照法定的权限、范围、条件和程序。④教育与强制相结合原则。经教育能达到行政管理目的,不再实施强制。"先教育、后强制",在行政强制的事前、事中和事后的整个过程中坚持教育,只要通过教育行政相对人自觉履行了义务,行政机关就不应对之再实施行政强制或处罚。⑤正当法律程序原则。行政强制执行是较严厉的行政手展,必须有严格的程序保障强制执行的实施。

　　行政合同也叫行政契约,指行政主体之间,行政主体与公民、法人或其他组织之间,为达到维护与增进公共利益,实现行政管理目标之目的,经过协商一致达成确立、变更或消灭相互权利与义务的协议。行政合同的原则包括:①公开竞争原则,即行政主体与公民、法人或其他组织之间的行政合同一般应当公开招标、投标,在公开竞争的基础上订立;②实际履行原则,即必须按照合同规定的标的履行,不能任意变更标的或用支付违约金和赔偿损失的方法代替合同的履行;③自己履行原则,即相对方必须自己本身履行,而不能由他人代替履行;④全面适当履行原则,即当事人必须按照合同规定的内容全面适当地履行,在任何条款上都不得违反合同规定。行政合同的原则在内容上,较《合同法》基本原则更缺少自由性。究其原因,其实是公共利益和个人利益的不同,公共利益不可随意约定。在合同关系中,双方的权利义务往往是相对应的,一方享有的权利对另一方而言就是应履行的义务。具体到行政合同双方,大致上也是如此,但又有其特殊之处。即行政主体的权利义务是统一的,其享有的权利不仅是相对方应履行的义务,同时也是自己应履行的义务,这是行政法"政府管理"这一特征的体现。

行政指导就是行政主体在其所管辖的事务范围内,针对特定的公民、法人或其他组织,适时灵活地采取指导、劝告、建议等非强制性方法,取得该行政相对方的同意或协助,有效地实现一定的行政目的的主动的管理行为。以行政指导的功能差异为标准,行政指导可分为规制性行政指导、调整性行政指导和助成性行政指导。规制性行政指导是指行政机关为了维护和增进公共利益,对妨碍社会秩序、危害公共利益的行为加以预防、规范和制约的行政指导。调整性行政指导是指行政相对方之间发生利害冲突而又协商不成时,由行政机关出面调停以求达成妥协的行政指导。助成性行政指导是指行政机关为行政相对方出主意以保护和帮助行政相对方利益的行政指导。行政指导的这种功能划分体现了实现公共利益的手段的区别,对直接关系到公共利益的指导强度强一些,对间接关系到公共利益的指导强度弱一点,适应了复杂多样化的经济和社会管理需要。行政指导的原则包括:①正当性原则,指行政指导行为必须最大限度地保障行政相对人对行政指导的可接受性;②自愿性原则,指行政指导行为应为行政相对人认同和自愿接受;③必要性原则,指行政主体采取行政指导行为比实施行政行为可能会产生更好的客观效果的一种主观认识。前两项原则是指导的本意所决定的,后一项原则则是行政作为实现公共利益的手段所决定的。

行政处罚是行政主体对违反行政法律规范的公民、法人或其他组织给予制裁的具体行政行为。行政处罚法的内容,可以从政府管理和公共利益实现两个角度加以把握。政府对行政相对人的强制办法,不外乎人身、财产、行为和精神四方面。所以,行政处罚可以分为以下几种:①人身罚,如行政拘留;②行为罚,包括责令停产、停业,暂扣或者吊销许可证和营业执照;③财产罚,包括罚款和没收财物;④申诫罚,包括警告和通报批评。行政处罚一般程序包括:调查取证,告知处罚事实、理由、依据和有关权利,听取陈述、申辩或者举行听证会,作出行政处罚决定,这体现了管理的一般程序。而公共利益实现的目的决定了行政处罚包含以下原则:①处罚法定原则,包括处罚依据、主体、职权、程序是法定的,其中限制人身自由的行政处罚,只能由法律设定;②处罚公正和公开原则,行政主体在行政处罚中必须依法裁判,公平地处罚违法行为人,既不能"同等情况给予不同处罚",也不能"不同情况给予相同处罚",同时,不能违反公正的程序,处罚的依据及处罚中的有关内容必须公开;③处罚与违法行为相适应的原则,实施的行政处罚,必须与受罚人的违法行为的事实、性质、情节及社会危害程度相适应,亦即行政处罚的种类、轻重程度及其减免均应与违法行为相适应;④处罚与教育相结合的原则,处罚不是目的,而是手段,通过处罚达到教育的目的,在行政处罚的适用中应当始终坚持教育与处罚相结合;⑤不免除民事责任、不取代刑事责任原则,不得以已给予行政处罚而免予追究其民事责任或刑事责任,因为行政制裁与民事制裁、刑事制裁的性质及对象有根本的区别;⑥救济原则,相对方对行政主体给予的行政处罚依法享有陈述权和申辩权,对行政处罚决定不服的,有权申请复议或者提起行政诉讼,相对方因违法行政处罚受到损害的,有权提出赔偿要求。

微课堂27：

"钓鱼执法"有什么问题

"钓鱼"执法,也称执法圈套,是指当事人原本没有违法意图,在执法人员的引诱之下,才从事了违法活动。它和正当防卫等一样,都是当事人无罪免责的理由。

2009年9、10月间,上海相继发生两起"钓鱼"执法事件,引发社会广泛关注。9月8日,上海市民张晖驾车遇路人搭乘,被闵行区城市交通行政执法大队扣押,并以无营运证擅自从事出租汽车经营行为为由,作出行政处罚决定。对此,张晖诉诸法院,政府部门也承认"钓鱼"执法,张晖获得胜诉。10月14日,打工者孙中界驾驶车辆同样被"职业钓钩"搭乘,后被交通执法部门抓获并处罚。孙中界则愤然斩指。上海"钓鱼"执法现象媒体多次报道过,引起多方关注,也引起了市政府的高度重视。上海市政府曾要求各区县的执法部门,全面整顿,做好事后的赔偿工作。对于采用非正常执法取证手段的行为,一经查实,将严肃查处。凡是从2006年1月1日起至今,被采取不正当手段查获的车辆,可以到交通执法部门领取××罚款和退还车辆。同时,要求广大市民积极提供线索,争取早日将那些"钓鱼"作案的组织者和实施者抓捕归案。

行政监督就是行政机关实施的法律监督。行政监督的行政系统内部上下级之间的法律监督以及行政系统内部设立的专门监督机关的法律监督。通常，前者称为"一般行政监督"，后者称为"专门行政监督"。一般行政监督的方式包括：报告工作、执法监督检查、审查批准、备案、行政复议和惩戒，其实就是政府上下级管理关系的体现。"专门行政监督"，也称行政监察和审计监督。行政监察包括以下方式：①会议列席权；②查询权；③要求提供材料、查阅材料权；④要求解释、说明权；⑤责令停止违法违纪行为权；⑥暂扣、封存证据权；⑦责令不得变卖、转移财物权；⑧责令解释、说明权；⑨提请法院采取保全措施权；⑩提请行政协助权。审计监督就是国家审计机关根据国家法律法规的规定、会计记录等经济资料，审核和稽查被审计单位的财政财务收支活动、经济效益和财政法纪的遵守情况，作出客观公正的评价，并提出审计报告，以维护国家财政经济秩序，促进廉政建设的专门活动。行政是为实现公共利益的管理活动，但并不是所有的行政管理都能保证公共利益，为了保证行政管理的公益性，许多国家在行政机关内部设立了各种检查约束机制，行政监督法律制度可以结合检查约束机制的分类以及科学化、法制化的要求加以理解。

四、行政救济法

行政救济是指公民、法人或其他组织认为具体行政行为直接侵

害其合法权益,而请求有权的国家机关依法对行政违法或行政不当
行为实施纠正,并追究其行政责任,以保护行政相对方的合法权益的
一种法律制度。具体包括:行政机关救济——行政复议,司法机关救
济——行政诉讼以及行政赔偿。行政复议是行政机关系统内部自我
监督。当公民、法人或者其他组织认为行政机关的具体行政行为侵
犯其合法权益,可按照法定的程序和条件向作出该具体行政行为的
上一级行政机关提出申请,由受理申请的行政机关对该具体行政行
为依法进行审查并作出处理决定。行政管理的公益性目的决定行政
复议的原则有:合法原则、公正原则、公开原则、及时原则和便民原
则。行政复议程序分为申请、受理、审理、决定和执行五个阶段,这可
以围绕"政府管理"这一范畴加以理解。行政赔偿,是指行政主体及
其工作人员,在行使行政职权的过程中,因其行为侵犯了公民、法人
或其他组织的合法权益并造成了损害,由行政主体给予赔偿的法律
制度。行政赔偿程序包括非诉讼程序(行政程序)和诉讼程序(司法
程序)两大部分,各有其具体的步骤和方法。总体上行政赔偿程序实
行行政先行处理原则。行政先行处理是指在行政赔偿请求人向法院
单独提起行政赔偿诉讼之前,应先向行政赔偿义务机关要求赔偿,由
行政机关依法进行处理。如果行政处理未能解决争端,则请求人可
提起赔偿的诉讼程序。行政先行处理体现了效率原则,在行政复议
中也有体现。

微课堂28：

灵宝市政府的道歉

2008年5月，河南灵宝市政府违法"租"用了大王镇农地28平方公里，3万余农民将失去土地。身在上海的青年王某多次举报无果后于2009年2月12日在网上发帖，因言获罪，3月6日被灵宝市公安局跨省赴上海拘留，8天后因证据不足被取保候审。后灵宝市政府向王某道歉，王某获得国家赔偿780元。

第七章

刑　法

通过"刑法是规定何为危害社会的犯罪行为及对其处以何种处罚的法律"可以一句话理解刑法。现代社会的目标是人人平等,危害社会其实就是危害人人平等的社会秩序。进一步深入分析,刑法的内容大体可以围绕平等理解,对犯罪行为的处罚目标是维护人人平等,而且处罚本身也不能违反平等,即罪刑均衡。

　　刑法是规定国家对人民发动刑罚权的实质要件以及其内容的法律。国家对人民发动刑罚权的实质要件就是犯罪,因此,刑法被统称为规定何为犯罪及对其处以何种刑罚(即犯罪相对应法律效果)的法律。所谓犯罪就是刑法所禁止的严重危害社会的行为❶,因此,刑法可以理解为"规定何为危害社会的犯罪行为及对其处以何种处罚的法律"。深刻挖掘这句话的内涵大体可以浏览刑法的概貌。现代社会的目标是人人平等,危害社会其实就是危害人人平等的社会秩序。进一步深入分析,刑法的内容大体可以围绕平等理解,对犯罪行为的处罚目标是维护人人平等,而且处罚本身也不能违反平等,国家对人民不可任意发动刑罚权,也不得科处超过刑法规定的刑罚。当然,与其他法律一样,平等并非刑法的唯一准则,理解刑法还需要考虑到效率、公平、秩序、传统等原则。刑法的具体内容可以分为总则和分则。总则研究刑法的原则、原理和共性制度问题,可以进一步区分为犯罪论和刑罚论;分则研究刑法分则规定的各类各种犯罪的罪责刑问题。下面,结合刑法的这一结构分类谈谈如何一句话理解刑法。

一、犯罪论

　　犯罪论,包括:犯罪定义,犯罪构成(如何认定犯罪),故意犯罪的

---

　　❶何为严重呢? 主要体现在以下两方面:一是伤害到性质上特别重要的权利。例如,生命权在各国都是刑法保护的对象,对生命权的有过错的侵害都会视为犯罪,受到刑法的制裁。二是伤害程度达到一定程度的权利。小偷小摸、数额不大的诈骗、过失毁坏财物的行为,通常不是刑法的调整对象,只有那些可能受到相当程度侵害的财产关系才会被纳入刑法的调整范围。

未完成形态,共同犯罪,罪数等。刑法是规定犯罪与刑罚的法律,其总论部分包括犯罪论与刑罚论。犯罪论的核心是如何认定犯罪(犯罪构成),犯罪论的所有问题都是对此的展开。犯罪定义是讨论犯罪构成的前提。故意犯罪的未完成形态是修正的犯罪构成,是犯罪行为没有出现法条所确定的最终后果。共同犯罪是包括多个主体在内的特殊的犯罪构成问题。罪数,是指一人所犯之罪的数量。区分一罪与数罪,通常采取犯罪构成说,也可视为犯罪构成和犯罪认定问题的延伸。

(一)犯罪定义

犯罪,即违反刑法并应受刑罚处罚的行为;刑罚,即对犯罪分子的惩罚。不过,如此解释基本是同义反复,不利于我们进一步深入学习刑法。犯罪的另一个常见定义——犯罪是刑法所禁止的危害社会的行为。这个定义对犯罪的界定有进一步的深入,不过,什么样的危害社会行为才是犯罪呢? 一种危害社会行为不仅要求达到相当程度❶而且还须侵害刑法所保护之法益,才是犯罪。各国对刑法所保护之法益有不同的见解,对犯罪持有不同概念,有些行为在某国是犯罪,但是在他国亦可能不是犯罪。刑事法律所保护的利益称之为法益,一般区分为个人法益、社会法益和国家法益三大类。犯罪通常被视为是一种不止对其他个体有害,对群体或是国家也有害的行为,即危害社会的行为。既然犯罪是危害社会的行为,那么,为什么伤害个人法益的行为也是犯罪呢? 这就需要进一步挖掘危害社会行为的特征了,从动态和置于整体社会的角度看待危害社会行为,一个伤害个人法益的行为可能为社会中的他人所效仿,也可能在行为人自己身上重复进行,因此,某些只严重伤害个人法益的行为如果不能规定为犯罪加以制止的话,

---

❶情节显著轻微危害不大的,不认为是犯罪。

很可能危害了国家和社会法益。正因为犯罪这种性质,刑法的目的有这样三方面:①应报,即对侵害法益的行为加以处罚,以公正应报行为者的罪行;②吓阻,借由处罚吓阻犯罪人及社会大众;③教育,执行刑罚以教化犯罪人,使其社会化。

在初民社会,人类就通过血亲复仇、同态复仇满足自己应报的情感需要,典型的应报就是"以牙还牙""以眼还眼",你打落了我的牙齿,我便打掉你的牙齿;你伤了我的眼睛,我便伤害你的眼睛。国家出现后,这种私人之间的复仇被国家的公力救济——刑罚所代替。早期的应报刑罚,以同态报复为主,以命偿命,以伤抵伤。清代乾隆五十四年(公元1789年)定例:在罪犯杀死对方一家三人以上,而凶犯又有儿子的情况下,不仅罪犯本人要凌迟处死,而且罪犯的所有儿子还要阉割。❶同态报复是一种只关注犯罪客观侵害结果,并根据此结果来确定刑罚,而不关注犯罪主观恶性的刑罚观。这就意味着,一个人无论是因为故意还是过失导致另一个人死亡,只要其侵害结果相同,其刑罚便应该完全一样。随着人类文明的演进,同态报复因为过于野蛮基本上已经被抛弃了,取而代之的以自由刑为主的同等惩罚。同时,刑罚的功能不再仅限于替被害人报复,而且逐渐被赋予吓阻、教育等功能。当其注重刑罚的吓阻功能时,便会推崇"轻罪重罚",如醉驾入刑;当其注重刑罚的教育功能时,便会推崇"重罪轻罚",如对未成年人的减轻或者免除处罚。刑法的目的可以结合现代法律制度设计的指导思想——人人平等加以理解。现代社会制度的基本目标是人人平等,危害社会的行为主要就是破坏人人平等的社会秩序,针对危害社会行为惩罚的目的主要在于保护人人平等的社会秩序。吓阻与教育功能的目的其实是预防,借助于预防来保护人人平等的社会秩序,应报则是基于朴素正义

---

❶ 祝庆祺,鲍书芸.刑案汇览.卷28《杀一家三人》"杀一家三、四人之子阉割充军"条[J]//魏道明.清代宫刑.青海社会科学,2011(4):153.

观念的利益平等观。现代法律制度追求的平等主要是基于自由意志的平等，从这个意义上看，刑法的目的应主要追求吓阻与教育，而非应报。

犯罪的本质是"社会危害性"，但为什么一般的违约行为造成1000万元损失不由刑法调整，而盗窃数额1000元以上就可能追究刑事责任？这需要结合危害社会行为的特征以及刑法禁止此种行为的目的加以理解。危害社会行为既可能在他人或者自己身上重复，也可能经由他人或者自己的行为而制止。盗窃行为因为其隐蔽性，受害人常常难以防范，即使盗窃被发现了，往往也是多次盗窃才可能被发现一次，如果只是以赔偿损失等民事措施进行制裁，那盗窃他人的财产就会成为一种只赚不赔的买卖，盗窃者本人也很难以停止这种行为。相对而言，对违约行为受害人更容易发现而且更有能力选择通过自身防范措施加以避免受害，进而迫使施害者停止这种行为。对危害社会行为的预防和制裁是需要社会成本的，成本包括制裁给施害者带来的权益损害和社会为此耗费的成本，采用民事、行政或者刑事措施分别有不同的成本收益，确定一种危害社会的行为是否属于犯罪，需要进行具体的成本考量。刑罚乃最严厉的制裁措施，通常成本巨大，因此，现代法律一般都坚持刑罚（法）不得已原则，将一种危害社会的行为定为犯罪是迫不得已所做的选择。

犯罪的本质是"社会危害性"，但为什么意外事件致人死亡不由刑法调整，而故意轻伤却要负刑事责任？什么样的危害社会的行为才为刑法所禁止呢？应该充分考虑行为的动态性和社会性，以及刑法禁止此种行为的目的——吓阻与教育。当我们从动态角度理解危害社会的行为，考虑到行为可能在他人或者自己身上重复，就不难发现，认定犯罪要考虑到行为人的主观状态，对于行为人存在故意或过失的行为，可以通过刑罚制裁预防行为在他人或者自己身上重复；反之，如果纯粹属于意外事件，刑罚制裁就不能达到预防的效果。而当我们从社会整体考虑问题时就不难发现,危害社会行为也可能是有利于社会的行为。因此,判断一种行为是否为犯罪,除了要考虑其危害性,也要考虑其可能存在对社会的有利性,是不是存在违法阻却事由。这些其实就是犯罪构成所讨论的问题,也就是讨论什么是犯罪,还需要进一步研究犯罪构成问题,这正是下一个问题所讨论的。

综上所述,犯罪是刑法所禁止的危害社会的行为,但是,哪些危害社会的行为才会为刑法所禁止呢?需要以动态和社会的视角来看待危害社会的行为。一种危害社会行为是否纳入犯罪范畴,不仅需要考虑本身造成严重危害后果,要看到它的可重复性造成的危害,而且也要看到对它的反制力量,道德舆论以及法律上的民事、行政或者刑事措施都有制止危害社会行为的功能,将一种危害社会的行为定为犯罪应该是迫不得已所做的选择。

(二)犯罪构成

犯罪构成实际上是一种认定犯罪的思维方法。关于犯罪构成,主要有三种不同的学说:一是大陆法系的三阶层犯罪论体系,认为犯罪构成包括构成要件的符合性、构成要件的违法性和构成要件的有责性。二是英美法系的双阶层犯罪论体系,将犯罪构成区分为本体要件和抗辩事由,本体要件包括犯罪意图和犯罪行为,抗辩事由包括胁迫、防卫、警察圈套、未成年等要素。双阶层犯罪论体系在理论上其实就是将三阶层犯罪论体系的违法性纳入构成要件的符合性,通称为犯罪本体要件,而三阶层犯罪论体系的有责性则表现为抗辩事由。三是四要件说,认为犯罪由犯罪客体、犯罪客观方面、犯罪主体和犯罪主观方面构成。在司法实践中,具备四个构成要件,并排除违法阻却事由,犯罪就成立。四要件说的缺点是,四要件本身并不包含排除违法阻却事由,需要在实践中再考虑。作为犯罪构成理论,四要件说存在不完备性,在学术界已日渐式微,以下着重谈谈三阶层犯罪论体系。

三阶层犯罪论体系为刑法学上用以判断行为人犯罪是否成立的理论之一,在大陆法系刑法学界内受到广泛认可。三阶层犯罪论体系判断犯罪,可分为三个步骤:构成要件的符合性、违法性和有责性。也就是说,一个行为要构成犯罪,行为必须符合构成要件,并属违法,行为人亦必须负有责任,缺一,行为就不构成犯罪。

构成要件符合性,也被称为犯罪构成要件的该当性,即犯罪行为必须是符合刑法规定的某项犯罪构成要件的行为,是罪刑法定的要求。行为人之行为在客观上符合刑法所规定的犯罪客观构成要件,其行为与结果之间存在因果关系,在主观上也符合刑法所规定的主观构成要件(犯罪之故意或过失),则可以认定该行为构成要件该当。例如,过失致人死亡罪之犯罪客观构成要件为置人于死,主观构成要件为过失,则行为人因过失置人于死符合过失致人死亡罪之构成要件,具有构成要件符合性。

构成要件违法性要求犯罪行为不仅是符合构成要件的行为,而且实质上是法律所不允许的行为,即必须是违法的行为。例如,医生为病患者动手术,伤害病患者的身体,但属业务上的正当行为,不具有违法性,就不是犯罪行为。行为人满足构成要件符合性,即触犯了刑法分则的明文规定,就推定其违法,如果行为人具备违法阻却事由,则会否定违法性。因此,违法性的判断标准在于是否有违法阻却事由。违法阻却事由是指行为在形式上与犯罪具有相似性,但实质上不具有法益侵害性,因而不构成犯罪的情形,包括正当防卫、紧急避难、法令行为、被害人承诺、自救行为、自损行为、义务冲突行为等。与构成要件违法性的不同之处在于,构成要件符合性是积极检验行为是否为法律所禁止,而构成要件违法性则是消极检验行为是否为法律所允许。

微课堂29：

邓玉娇为什么可以免除处罚？——邓玉娇刺死官员案

2009年5月10日晚8时许，湖北省巴东县野三关镇政府3名工作人员在该镇雄风宾馆梦幻城消费时，涉嫌对当时在该处做服务员的邓玉娇主动进行骚扰挑衅，邓玉娇用水果刀刺向两人，其中一人被刺伤喉部、胸部。邓贵大因伤势严重，经抢救无效死亡；黄德智所受伤情经鉴定为轻伤。消息在网络上传开后，因死者邓贵大原系巴东县野三关镇政府招商办公室主任，故被称作邓玉娇刺官案。此事也成为一些文学作品创作的素材来源，导演贾樟柯的电影《天注定》有对邓玉娇事件的相似描述。

案发后，邓玉娇打电话向警方自首。刑侦人员发现邓玉娇随身携带的包内有治疗抑郁症的药物，随后把邓玉娇送到恩施优抚医院治疗。后经相关医疗鉴定机构对邓玉娇进行了精神病医学鉴定，结论为："邓玉娇为心境障碍(双相)，属部分(限定)刑事责任能力。"

2009年6月16日11时，央视消息：备受瞩目的邓玉娇刺官案在湖北省巴东县法院一审结束。合议庭当庭宣判，邓玉娇的行为构成故意伤害罪，但属于防卫过当，且邓玉娇属于限制刑事责任能力，又有自首情节，所以对其免除处罚。邓玉娇在法律上由此彻底恢复自由身。

构成要件的有责性,也称为罪责。犯罪构成的有责性,指能够就满足该当性和违法性条件的行为对行为人进行非难和谴责。如果侵犯法益的责任人主观上没有故意以及过失的行为,不应当对其进行谴责。有责性(罪责)最重要的价值是,对于行为人人格的尊重。因此,如果行为人没有能力没有办法为合法行为,那么他需要的是教育,而不是刑罚。如果行为人因为年龄、精神状态导致价值判断有问题,没有办法为合法行为,他不具备罪责;如果行为人个案中不可避免的价值判断出了差错,我们也认为没有罪责。刑事责任能力、刑事责任年龄、缺乏期待可能性❶、违法性认识错误❷,都可能会阻止行为人承担责任。

犯罪构成理论内容丰富,学说纷争也不少,总体上仍可以围绕"刑法是规定何为危害社会的犯罪行为及对其处以何种处罚的法律"这句话加以理解。犯罪就是危害社会的行为,但是,社会本身是一个复杂的统一体,危害社会行为也可能是有利于社会的行为,因此,判断一种

---

❶期待可能性,是指从行为时的具体情况看,可以期待行为人不为违法行为,而实施适法行为的情形。如果有期待可能性,即能够期待行为人在行为时实施合法行为,行为人违反此期待实施了违法行为,即产生责任;如果缺乏期待可能性,即行为人在行为时只能实施严重违法行为,不能期待其实施合法行为,此为阻却责任事由,行为人不负刑事责任,例如行为人在实施犯罪后为自己作伪证,不成立伪证罪。

❷违法性认识错误,是指一个人知道自己在干什么,即对不法的案件事实有认识,但是不知道自己的行为是被刑法所禁止的。在行为人有违法性认识错误时,应分两种情况处理:(1)行为人产生了法律认识错误(违法性认识错误),没有认识到自己行为的违法性,并且根本无法认识到自己的行为是违法的,作无罪处理,不承担刑事责任。公民遵循执法者的指引可导致没有违法性认识可能性,如某人向工商局咨询某一行为是否违法,工商局回答其不是违法行为,他就去做了,事实上该行为法律规定为非法经营,但是,因为没有违法性认识可能性,应作无罪处理。(2)行为人产生了法律认识错误(违法性认识错误),没有认识到自己行为的违法性,但是本来是有可能认识到自己的行为是违法的,却由于过失而没有认识到,进而产生法律认识错误,则不影响对其定罪,仍成立犯罪。

行为是否为犯罪,除了要考虑其是否为符合刑法规定的某项犯罪构成要件的行为,也要考虑是否存在违法阻却事由。三阶层犯罪论体系之构成要件符合性和违法性就是从这方面考虑的。行为是人的有意识的行为,制定刑法的目的是规范人的行为,如果行为人没有办法为合法行为,对其处罚是无法达到刑法目的的,因此,各种犯罪构成学说都考虑到刑事责任能力和期待可能性问题。三阶层犯罪论体系之有责性就是从这方面考虑的。其他犯罪构成学说,也无不考虑这些问题,只是表述上有所不同,如果一种学说不从这些角度考虑,必将被淘汰。

(三)故意犯罪的未完成形态

故意犯罪形态是指故意犯罪在其发生、发展和完成的过程中的各个阶段,因主客观原因而停止下来的各种犯罪形态。故意犯罪的未完成形态是犯罪构成理论的补充,也可以说是修正的犯罪构成。排除犯罪性的行为表面上符合犯罪构成要件,但因其本质上不具有社会危害性,故不认为是犯罪,而犯罪的未完成形态表面上不符合犯罪的基本构成要件,但因其行为本质上具有社会危害性,因此,仍然是犯罪。

犯罪形态可区分为完成形态与未完成形态。犯罪既遂是完成形态,而犯罪预备、未遂与中止是未完成形态。为了犯罪,准备工具、制造条件的,是犯罪预备。对于预备犯,可以比照既遂犯从轻、减轻或者免除处罚。已经着手实行犯罪,由于犯罪分子意志以外的原因而未得逞的,是犯罪未遂。对于未遂犯,可以比照既遂犯从轻或者减轻处罚。在犯罪过程中,自动放弃犯罪或者自动有效地防止犯罪结果发生的,是犯罪中止。对于中止犯,没有造成损害的,应当免除处罚;造成损害的,应当减轻处罚。

为什么要研究故意犯罪的未完成形态呢?还是要回到"犯罪行为的特征和刑法的目的"层面加以理解。犯罪行为可能被效仿和再次发生,因此,刑法的目的包括吓阻和教育,这样认定犯罪就要考虑主观恶性问题。犯罪中止与犯罪既遂在这方面完全不同,行为人主动中止犯罪,刑法吓阻目的已在一定程度上达到,故可得减刑或免刑之优待。在危害性方面,犯罪未完成形态与犯罪既遂也完全不同,因此,也需要区别对待,某些犯罪未完成形态甚至没有直接的社会危害,但是,考虑可能被效仿和再次发生,也要根据其主观恶性认定其是否为犯罪。

(四)共同犯罪

共同犯罪是指二人以上共同故意犯罪。共同犯罪分为一般共犯和特殊共犯(犯罪集团)两种。一般共犯是指二人以上共同故意犯罪,而3人以上为了共同实施犯罪而组成的较为固定的犯罪组织,是犯罪集团。组织、领导犯罪集团进行犯罪活动的,或者在共同犯罪中起主要作用的,是主犯。对组织、领导犯罪集团的首要分子,按照集团所犯的全部罪行处罚,非犯罪集团首要分子的主犯,应当按照其所参加的或者组织、指挥的全部犯罪处罚。在共同犯罪中起次要或者辅助作用的,是从犯。对于从犯,应当从轻、减轻处罚或者免除处罚。被胁迫参加犯罪的,是胁从犯。对于胁从犯,应当按照他的犯罪情节减轻处罚或者免除处罚。教唆他人犯罪的,是教唆犯。对于教唆犯,应当按照他在共同犯罪中所起的作用处罚。教唆不满18周岁的人犯罪的,应当从重处罚。如果被教唆的人没有犯被教唆的罪,对于教唆犯,可以从轻或者减轻处罚。

共同犯罪是包括多个主体在内的特殊的犯罪构成问题。刑法分则一般是以单独犯罪为标准加以规定,所以刑法总则必须就共同犯罪的有关问题作出规定。共同犯罪理论仍然可以结合"犯罪是危害社会的行为"这一属性加以理解,危害社会的行为不一定是一人行为构成,因此,需要解决共同犯罪的认定问题。而又因为需要以动态和社会的视角来看待危害社会的行为,对于危害社会行为的处罚目的包括应报、吓阻和教育,因此,必须根据共同犯罪在行为危害性和主观恶性方面的不同区分为主犯、从犯、胁从犯和教唆犯。

(五)罪数

所谓罪数,是指犯罪行为所构成的罪名的个数。为什么研究罪数呢?这其实是由犯罪这种危害社会行为的复杂性所决定的。危害社会的行为有众多的表现形式,刑法相应地确定了诸多罪名。用这些罪名评价犯罪行为就会出现一罪与数罪问题,原则上,行为符合一个犯罪构成的就是一罪,行为符合数个犯罪构成的就是数罪,行为数次符合同一个犯罪构成的也是数罪。但是,现实生活中具体认定罪数,还需要考虑刑法的特别规定和司法实践经验,结合罪数形态理论加以判断。常见的罪数理论形态主要包括想象竞合犯、结果加重犯、继续犯、结合犯、集合犯、吸收犯、连续犯和牵连犯等。想象竞合犯,亦称想象数罪,是指行为人基于一个罪过,实施一个危害行为,而触犯两个以上罪名的犯罪形态。结果加重犯,又叫加重结果犯,是指故意实施刑法规定的一个基本犯罪行为,由于发生了更为严重的结果,刑法加重其法定刑的情况。继续犯也叫持续犯,是指行为从着手实行到由于某种原因终止以前一直处于持续状态的犯罪。想象竞合犯、结果加重犯和继续犯,统称为实质的一罪。即在外观上具有数罪的某些特征,但实质上构成一罪的犯罪形态。结合犯,是指数个各自独立的犯罪行为,根据刑法的明文规定结合而成为另一个独立的新罪的犯罪形态。集合犯,是指行为人以实施不定次数的同种犯罪行为为目的,虽然实施了数个同种犯罪行为,刑法规定还是作为一罪论处的犯罪形态。结合犯和集合犯,统称为法定的一罪,是指本来是符合数个犯罪构成的数罪,但因其某种特定理由,法律上将其规定为一罪的犯罪形态。连续犯,是指行为人基于同一的或者概括的犯罪故意,连续实施数个独立的犯罪行为,触犯同一罪名的情况。牵连犯是指以实施某一犯罪为目的,而其犯罪的方法行为或者结果行为又触犯了其他罪名的情况。吸收犯是指行为人实施两个以上犯罪行为,因具有吸收与被吸收的关系,仅以其中一罪定罪。连续犯、牵连犯和吸收犯又统称为处断的一罪,又称裁判的一罪,是指本来是符合数个犯罪构成的数罪,但因其固有的特征,在司法机关处理时将其规定为一罪。

罪数形态理论一直以来是刑法理论中相对复杂的部分,不过,其内涵仍可以围绕平等与效率加以理解。平等在这里指罪刑均衡和法律面前人人平等。刑法是规定什么是危害社会行为及对其处以何种处罚(相对应法律效果)的法律,这句话中的一个重要内涵就是罪刑均衡。要做到罪刑均衡,明确一罪与数罪就非常重要,将本应为数罪的一罪处罚,将本应为一罪的数罪并罚,都可能导致罪刑不均衡。之所以要提出罪数形态理论,也是追求法律面前人人平等的结果,形成统一罪数形态理论,可以避免罪数判定的随意性和非一致性。罪数的处断标准的设定的另一个依据是效率。效率,这里主要指诉讼效益原则,要求以最小的投入获得最大的产出,以最少的资源投入换取最大的收益,即单位时间处理案件最大化。根据诉讼效益原则,如果在罪数处断标准上绝对贯彻数罪数罚的处理模式,有时会导致诉讼烦琐和降低诉讼效率。以数额犯为例,假设甲在一年内盗窃二十余次,且每一次盗窃数额均达到了定罪起刑点数额,则甲事实上构成了二十余个盗窃罪。对此,如果对甲所犯的每一个盗窃罪分别定罪,分别量刑,然后按照数罪并罚的原则,确定一个最终的宣告刑,则诉讼、判案的繁杂程度可想而知。为此,我国的立法及司法解释规定,对盗窃罪、贪污罪、受贿罪、挪用公款罪等数额犯,累计计算犯罪数额,然后按相应的法定刑作一罪处断。这大大方便了案件的处理,有利于提高诉讼效益,符合诉讼经济原则。❶

二、刑罚论

刑罚论主要包括两大块内容:静态的刑罚和动态的刑罚。前者是指刑罚的种类,后者则包括量刑、行刑和刑罚消灭三部分内容。

(一)刑罚的种类

刑罚本质上是危害社会行为的相对应法律后果。何为相对应法律后果? 有报应刑论与目的刑论两种主张。报应刑论主张善有善报,恶有恶报,犯罪是一种恶行,刑罚就是对犯罪这种恶行所给予的恶报而存在的。目的刑论认为刑罚并非对犯罪的报应,而是预防将来犯罪,保护社会利益的手段。现代社会的基本目标是人人平等,报应和预防都是为了维护平等,不过,报应只是追求基于朴素正义(善有善报,恶有恶报)的利益平等,而现代社会追求的平等主要是基于自由意志的平等,从这个意义上看,预防(目的刑论)应该成为刑罚的主要目标,针对犯罪的相对应法律后果应根据目的刑论来设定。

传统刑罚,主要指肉刑和死刑,从伤人皮肉到灭绝肉体,都曾是刑罚的主要内容。这一方面是统治者恐怖统治的需要,也是"以命偿命,以伤抵伤"报应刑论的体现。现代刑罚则主要是为了保护人人平等的

---

❶刘宪权.罪数形态理论正本清源[J].法学研究,2009(4):131-132.

社会秩序,因此,主张预防应该成为刑罚的主要目标。肉刑和死刑尽管可以达到预防的效果,但是,本身也破坏人人的自由平等,过分伤害了罪犯的自由人格,因此,现代国家都废除了肉刑,并严格控制甚至废除死刑。现代国家刑罚一般可以分为生命刑、自由刑、财产刑和资格刑。死刑以剥夺犯罪人的生命为内容,至今过半国家都已在法律上或事实上废除死刑,保留死刑的国家也倾向于严格控制并且减少死刑。自由刑以剥夺犯罪人的人身自由为内容,使犯罪人遭受铁窗或监控之苦,管制、拘役、有期徒刑和无期徒刑都属于自由刑的范围。财产刑包括没收财产和罚金,前者是对犯罪人个人所有的财产的一部分或全部的剥夺,后者是强制犯罪分子向国家缴纳一定的金钱。资格刑以剥夺犯罪人的一定的政治或者其他权利为内容,使犯罪人参加国家政治活动或者管理活动的权利化为乌有,借此表达刑罚惩罚的意蕴。刑罚的这些类型与行政处罚有一定的相似性,都是国家对行为人权利的限制或者剥夺。刑法上的无期徒刑、有期徒刑、拘役与行政法上的行政拘留、刑法上的罚金与行政法上的罚款、刑法上的驱逐出境与行政法上的驱逐出境,在限制或者剥夺权利的类型上基本一致,但在程度上则有重大的区别,这体现了"刑罚本质上是达到相当程度的危害社会行为的相对应法律后果","达到相当程度"与"相对应"是理解刑罚的钥匙。

(二)量刑

量刑,又称刑罚裁量,是指根据刑法规定,在认定犯罪的基础上,对犯罪人是否判处刑罚,判处何种刑罚以及判处多重刑罚的确定与裁量。刑法总则中的量刑制度包括累犯、自首和立功、数罪并罚、缓刑等。所谓累犯,是指受过一定的刑罚处罚,刑罚执行完毕或者赦免以后,在法定期限内又犯被判处一定的刑罚之罪的罪犯。根据《刑法》第六十五条规定,对累犯应当从重处罚,但是过失犯罪除外。自首是指犯罪后自动投案,向公安、司法机关或其他有关机关如实供述自己的罪行的行为。对于自首的犯罪分子可以从轻或减轻处罚,其中,犯罪较轻的,可以免除处罚。立功,是指犯罪分子揭发他人的犯罪行为,查证属实的,或者提供重要线索,从而得以侦破其他案件的行为,或者协助司法机关抓获其他嫌疑人的。对于有立功表现的,可以从轻或者减轻处罚;有重大立功表现的,可以减轻或者免除处罚;犯罪后自首又有重大立功表现的,应当减轻或者免除处罚。数罪并罚是指对犯两个以上罪行的犯人,就所犯各罪分别定罪量刑后,按一定原则判决宣告执行的刑罚。各国刑法所采取的原则主要有吸收原则、并科原则、限制加重原则与混合原则。我国刑法对数罪并罚采取的是混合原则。如数罪中有判处死刑或者无期徒刑的,采用吸收原则,即只执行死刑或者无期徒刑,排除其他轻刑;对判处几个有期徒刑、拘役等刑罚的,采用限制加重原则,即在总和刑期以下、几个刑中最高刑期以上,决定执行的刑期,且不得超过一定期限;对判处有期徒刑又判处罚金等刑罚的,采用合并原则,合并执行。缓刑称暂缓量刑,也称为缓量刑,是指对触犯刑律,经法定程序确认已构成犯罪、应受刑罚处罚的行为人,先行宣告定罪,暂不执行所判处的刑罚。我国刑法规定,缓刑适用于3年以下有期徒刑、拘役,中期和长期有期徒刑、无期徒刑、死刑、累犯、犯罪集团首要分子,不适用缓刑。

量刑制度,可以围绕罪刑均衡原则加以理解。从应报角度看,罪刑均衡要求刑罚的惩罚与实际社会危害相当,显然,现代量刑制度已不仅仅考虑到应报,还从预防角度加以考虑。预防就要求量刑考虑到犯罪的各种具体情节,毕竟不同性质犯罪的预防要求是不一样的。量刑复杂多样,基本上都是围绕预防与应报的罪刑均衡展开的。

微课堂30：

见谁都想判他
几年

这是改编于一个网络段子的案例推理。

某法科考研学生给某同学的留言：最近背了几天《刑法》分则，颇得意，见谁都想判他几年。路上，一人驾驶汽车撞倒三路人，之后扬长而去，我下意识地对自己说：交通肇事后逃逸，处3年以上7年以下有期徒刑。

走了几步又想：这人是故意还是过失，有违反交通运输管理法规吗，是重大事故吗，扬长而去就是逃逸吗，会不会还有其他事情，例如公安机关在追捕恐怖分子，有可能是正当防卫吗？不是就有女司机遇劫撞死劫匪被认定是防卫过当的？小偷满16周岁吗？女司机喝酒了吗，吸毒了吗，有驾驶证吗，汽车有牌照吗，是累犯吗，在假释期间吗，是否是初犯，精神正常吗？是啊，定罪量刑有太多、太多的因素需要考虑了。

（三）刑罚的执行

刑罚执行，是指有行刑权的司法机关将人民法院生效的判决所确定的刑罚付诸实施的刑事司法活动。刑罚执行由行刑、减刑和释放三个部分组成。行刑是指国家刑罚执行机关根据已经发生法律效力的刑事判决或者裁定，依照法律规定的程序，将其付诸实施的执行活动，包括所有的监禁刑、非监禁刑、监禁刑与非监禁刑之间的变更执行措施、暂缓执行措施以及死刑、财产刑的执行等。减刑，是指对原判刑期适当减轻的一种刑法执行活动。我国刑法规定的减刑主要针对的是少数几种自由刑的减免，尚未涉及权利刑、财产刑和生命刑的减免。根据《刑法》第七十八条的规定，减刑分为可以减刑、应当减刑两种。被判处管制、拘役、有期徒刑、无期徒刑的犯罪分子，在执行期间，认真遵守监规，接受教育改造，确有悔改表现的，或者有立功表现的，可以减刑；有重大立功表现的，应当减刑。假释，是对被判处有期徒刑、无期徒刑的犯罪分子，在执行一定刑期之后，因其遵守监规，接受教育和改造，确有悔改表现，不致再危害社会，而附条件地将其予以提前释放的制度。对于犯罪分子的假释，人民法院应当组成合议庭进行审理，非经法定程序不得假释。根据《刑法》第八十三条的规定，被判处有期徒刑的犯罪分子，其假释的考验期为原判刑罚没有执行完毕的刑期，即宣告假释时原判刑罚的剩余时期。被判处无期徒刑的犯罪分子，其假释的考验期限为10年。

刑罚执行，可以围绕"吓阻与教育的刑法目的"加以理解。从吓阻与教育的目的出发，执行刑罚应对犯罪人及社会公众进行积极教育，

而非消极的惩罚与威慑,因此,对于确已得到改造教育、有悔改表现的
受刑人,可以引入减刑和假释。

(四)刑罚消灭

刑罚消灭,是指由于法定或事实的原因,致使国家对犯罪人的刑
罚权归于消灭。刑罚消灭的事由包括:追诉时效届满、赦免、犯罪人死
亡、刑罚执行完毕等。追诉时效是刑法规定的司法机关追究犯罪人刑
事责任的有效期限。犯罪已过法定追诉时效期限的,不再追究犯罪分
子的刑事责任;已经追究的,应当撤销案件,或者不予起诉,或者宣告
无罪。《刑法》第八十七条规定,犯罪经过下列期限不再追诉:①法定最
高刑为不满5年有期徒刑的,追诉时效的期限为5年。②法定最高刑
为5年以上不满10年有期徒刑的,追诉时效的期限为10年。③法定最
高刑为10年以上有期徒刑的,追诉时效的期限为15年。④法定最高
刑为无期徒刑、死刑的,追诉时效的期限为20年。如果20年后认为必
须追诉的,须报请最高人民检察院核准后,仍然可以追诉。追诉时效
制度说明刑法追求平等的同时也要考虑到秩序、效率等。

三、刑法分则

刑法的学习离不开对刑法分则的掌握。刑法分则的规定是对具
体犯罪的规定,只明确关于犯罪和刑罚的一般性规定,而不知道刑法
对于具体犯罪的规定,解决不了司法实践中罪与非罪的界限问题。在
现实生活当中并不存在一般的犯罪,能看到的总是具体的犯罪,杀人、

强奸、抢劫、盗窃,这些犯罪都是具体的。刑法分则可以围绕罪名、罪状和法定刑三部分组成。罪名是罪状的精炼概括,罪状是危害社会行为的一种表现形式,法定刑则可以结合"罪责刑相适应原则"理解。因此,学习刑法分则重点在于对危害社会行为的表现形式进一步分门别类的研究。根据危害社会行为侵害法益的性质,可以把犯罪分为公罪(侵害公法益的犯罪)与私罪(侵害私法益的犯罪)。由于公法益又可以分为社会法益与国家法益,因此可以将犯罪分为以下三类:侵害社会法益的犯罪、侵害国家法益的犯罪和侵害个人法益的犯罪。在侵害个人法益之罪的部分可再细分为侵害生命法益、侵害自由法益、侵害财产法益等。中国刑法没有采用侵害私法益的犯罪与侵害公法益的犯罪的划分法,刑法分则体系主要是根据犯罪所侵害的社会关系的性质而建构的。但社会关系的性质,其内容同样也可以从侵犯国家利益的犯罪、侵犯社会利益的犯罪与侵犯个人利益的犯罪的角度进行划分。国家法益是指以国家作为法律人格者所拥有的公法益,危害国家安全罪、危害国防利益罪、贪污贿赂罪、渎职罪和军人违反职责罪具有侵害国家法益的犯罪的性质。社会法益是指以社会整体作为法律人格者所拥有的社会共同生活之公共利益,危害公共安全罪、破坏社会主义市场经济秩序罪和妨害社会管理秩序罪具有侵害社会法益犯罪的性质。个人法益是由自然人所拥有并由刑法加以保护的重大生活利益,侵犯公民人身权利、民主权利罪和侵犯财产罪具有侵害个人法益犯罪的性质。

在我国刑法中,以犯罪的同类客体为标准进行分类共有十类罪名,包括:危害国家安全罪,危害公共安全罪,破坏社会主义市场经济秩序罪,侵犯公民人身权利、民主权利罪,侵犯财产罪,妨害社会管理秩序罪，危害国防利益罪，贪污贿赂罪，渎职罪，军人违反职责罪。这十类罪名往更加概括的方向归纳可分为侵害国家法益的犯罪、侵害社会法益的犯罪和侵害个人法益的犯罪；往更加具体的方向细化，有四百多个具体罪名。刑法罪名有类罪名与具体罪名之分，不过，现实中的犯罪都是具体的，因此，类罪名不能成为定罪得以引用的根据，不能根据类罪名定罪，刑法分则的学习最终要落实到四百多个具体罪名的理解上。每个具体罪名都有其定义、构成要件与法定刑，各不相同。不过，只要抓住"刑法是规定何为危害社会的犯罪行为及其处以何种法律处罚法律"这句话就不难理解，如同在前面"犯罪定义"部分所阐述——确定一种危害社会的行为是否属于危害社会的犯罪行为需要进行具体的成本收益考量。成本包括制裁给施害者带来的权益损害和社会为此耗费的成本，而收益则是对社会整体公共利益而言的。从这个意义上看，犯罪与刑罚，其实是为了公共利益而限制个人权益，因此，应该符合比例原则。所谓比例原则，又称"禁止过度原则"，包含以下三层含义：适当性原则，惩罚的设定必须能够达到所希望达到的目的；必要性原则，在一切适当的可设定的惩罚中必须选择对当事人权利减损最小的那一个；法益相称性原则，惩罚的设定对相对人权益造成的侵害不得与欲达成的立法目的显失均衡，两者之间应当保持恰当的比例关系，义务的设定对相对人权益的损害必须小于该立法目的之价值。刑法分则所规定的各项具体的犯罪和刑罚，大体可以围绕比例原则这条主线加以理解。

这是一个网络上广为传播的段子。

在一起盗窃罪中,小偷在接受审讯时:

①如果他回答他是入室盗窃,根据盗窃数额,他将被判4～10年。

②如果他回答他是强奸女主人,强奸未遂,则判1～3年。

微课堂31:

小偷的供述能决定犯罪类型吗

③但是如果他说他是去强奸男主人,则被判为未构成刑事犯罪,无罪释放!

最终的结果是小偷并没有接受过良好教育,如实回答他是入室盗窃。

这个段子,说明不同类型犯罪,刑罚有很大的差异。不过,在生活中,这段子成为现实的概率几乎没有。定罪量刑是主客观相统一的,不可能单凭犯罪嫌疑人口供,公安、检察机关必定会反复核实客观证据。犯罪嫌疑人通常没有时间清理作案现场,现场肯定会留下很多客观证据痕迹。如果侦查机关有足够的客观证据,而犯罪嫌疑人、被告人随意地不认罪或翻供,反而有可能加重其量刑。另外,小偷说他是去强奸男主人,也不一定无罪释放,也可能构成猥亵罪,或者未经允许侵入他人住宅罪。

四、刑法基本原则

学习刑法,还必须了解刑法的基本原则。刑法的基本原则就是指贯穿全部刑法规范、体现刑事法制的基本性质与基本精神、具有指导和制约全部刑事立法和刑事司法意义的准则。我国刑法规定了罪刑法定、适用刑法人人平等原则和罪责刑相适应原则。

罪刑法定原则的经典表述是"法无明文规定不为罪"和"法无明文规定不处罚",即行为之定罪处刑,以行为时法律有明文规定者为限。我国《刑法》第三条将罪刑法定原则概括为"法律明文规定为犯罪行为的,依照法律定罪处刑;法律没有明文规定为犯罪行为的,不得定罪处刑",从正反两方面阐明了罪刑法定原则的双重价值,一是强调犯罪及其刑罚的法定性,体现国家对危害社会行为的定罪处罚权的垄断和法律的权威;二是强调非罪行为的自由性,即对国家刑罚权的限制,保障公民的权利和自由。罪刑法定原则的基本要求是:①法定化,即犯罪和刑罚必须事先由法律作出明文规定,禁止事后法,禁止类推解释法律,也不允许法官自由擅断,法官只能根据立法机关制定的成文法律定罪量刑;②实定化,即对于什么行为是犯罪和犯罪所产生的具体法律后果,都必须作出实体性的规定,禁止绝对不定刑期,法定刑必须相对明确;③明确化,即刑法条文必须文字清晰,意思确切,不得含糊其词或模棱两可。罪刑法定原则这三个基本要求,经常也被表达为这样一些派生原则:成文法主义;排斥习惯法;排斥绝对不定期刑;禁止类推;禁止重法溯及既往;刑法的明确性。这些表述虽然有所不同,但实质内涵是一致的。

适用刑法人人平等原则的含义是：对任何人犯罪，在适用刑法上一律平等，不允许任何人有超越法律的特权。无论是追究犯罪人还是保护被害人的利益，均应贯彻适用刑法上的平等与公正。适用刑法人人平等原则的基本要求是：对刑法所保护的合法权益予以平等的保护；对于实施犯罪的任何人，都必须严格依照法律认定犯罪；对于任何犯罪人，都必须根据其犯罪事实与法律规定量刑；对于被判处刑罚的任何人，都必须严格按照法律的规定执行刑罚。

罪责刑相适应原则的含义是：刑罚的轻重，应当与犯罪分子所犯罪行和承担的刑事责任相适应。其基本要求是：刑法立法上要依据罪责刑相适应的原则设置体现区别对待的刑罚制度与轻重有别的具体犯罪的法定刑幅度；审判中要重视量刑公正；行刑方面要求注重犯罪人的人身危险程度的变化，合理地运用减刑、假释等制度。

刑法的基本原则首先可以围绕平等加以理解。对犯罪行为处罚的主体是政府，处罚的目标是维护人人平等。政府凭什么维护人人平等呢？现代社会的一个基本假定是法定，于是，有了罪刑法定原则。对犯罪行为处罚的程序也必须遵循平等原则，于是，有了适用刑法人人平等原则和罪责刑相适应原则。不过，仅仅这样理解刑法基本原则是不够的，还必须结合"刑法是规定何为危害社会的犯罪行为及对其处以何种处罚的法律"这句话。触犯刑法的行为的危害大于违反行政法的行为，相应的处罚也更为严厉，因此，罪刑法定的要求比依法行政的要求更为严格。同样地，适用刑法人人平等原则和罪责刑相适应原则比一般意义平等原则要求也更为严格。如王世洲教授所言："刑法是一门最精确的学问。"

微课堂32：

已经是"顶格"判决——杭州飙车案

2009年5月7日20时8分,20岁的胡斌驾驶经非法改装的三菱轿车,与同伴驾驶的车辆一同前往杭州城西。行驶过程中,胡斌与同伴存在严重超速行驶并时有互相追赶的情形,事发路段标明限速为每小时50公里。经鉴定,胡斌当时的行车速度在每小时84.1公里至101.2公里之间。途经市区文二西路德加公寓西区大门口人行横道时,未注意观察路面行人动态,撞上正在人行横道上由南向北行走的男青年谭卓。事发后,胡斌立即拨打120急救电话和122交通事故报警电话。谭卓经送医院抢救无效死亡。7月20日,杭州市西湖区人民法院对"5·7"交通肇事案进行了一审公开宣判,以交通肇事罪判处被告人胡斌有期徒刑3年。此前,案发后胡斌亲属与被害人亲属已就民事赔偿达成协议,胡斌亲属已赔偿并自愿补偿被害人亲属经济损失共计人民币1130100元。

法院认为,这是依法的从重处罚。但很多人仍不满意,认为超速达到50%以上类似醉酒驾车应该算作危害公共安全罪,本案是轻判。谭卓的父亲谭跃认为,不论是按民间的说法称"飙车"也好,还是按法律的讲法,胡斌及其同伴执意以超过法定限速一倍多的车速,把非法改装后的跑车开到人流车流非常密集的闹市区相互追逐、相互穿插,他们完全可以想象和预见到这种危险的闹市飞车行为给行人、车辆所带来的严重后果,能说他们不是故意放纵自己这种"剥夺他人生命的行为"吗?

应该说,根据罪刑法定原则,对胡斌的判决在当时法律体系已经是"顶格"判处的结果。公众"缺乏安全感",只能在立法中改进,考虑将某些"飙车"行为规定为犯罪。后来,2015年11月1日起施行的《中华人民共和国刑法修正案(九)》将刑法第一百三十三条之一修改为:"在道路上驾驶机动车,有下列情形之一的,处拘役,并处罚金:(一)追逐竞驶,情节恶劣的;(二)醉酒驾驶机动车的;(三)从事校车业务或者旅客运输,严重超过额定乘员载客,或者严重超过规定时速行驶的;(四)违反危险化学品安全管理规定运输危险化学品,危及公共安全的。机动车所有人、管理人对前款第三项、第四项行为负有直接责任的,依照前款的规定处罚。有前两款行为,同时构成其他犯罪的,依照处罚较重的规定定罪处罚。"

第八章

诉讼法

通过"诉讼是法院主持下按照法定程序公正解决具体案件的过程"可以一句话理解诉讼法。人人平等，没有人可以对他人的人身和财产享有权利。当一个人人身和财产权利受到他人伤害时，他就拥有对伤害他的人身和财产的行为进行惩罚的权利。但是，如果每个人都根据自己的意见对他人的伤害行为进行惩罚，将陷入战争状态，因为不同主体对是否存在伤害总有自己的看法，总会存在争议。而且，假定伤害能明确，人们通常也不会自愿接受来自平等主体的惩罚。防止社会陷入战争状态，需要建立一个高于个人的公权力机构，由它来裁判伤害争议案件并执行惩罚。

　　所谓诉讼,即法院主持下按照法定程序公正解决具体案件的活动。为什么需要诉讼制度呢? 这源于现代法律制度设计的基本原理:人人平等,没有人可以对他人的人身和财产享有权利。也就是说,当一个人人身和财产权利受到他人伤害时,他就拥有对伤害其人身和财产的行为进行惩罚的权利。但是,如果每个人都根据自己的意见对他人的伤害行为进行惩罚,社会将陷入战争状态,因为不同主体对是否存在伤害总有自己的看法,总会存在争议。而且,假定伤害能明确,人们通常也不会自愿接受来自平等主体的惩罚。防止社会陷入战争状态,需要建立一个高于个人的公权力机构,由它来裁判伤害争议案件并执行惩罚。现代社会将惩罚权授予国家,主要由国家进行裁判并执行惩罚。❶裁判并执行惩罚的目的是达成人人平等的社会结构,这要求裁判的结果要公正,也需要裁判的程序要公正。为什么裁判的程序也要公正呢? 这源于人类社会一项基本事实——人不是神,人的理性是有限的。人如果是神,如果具有完全的理性,他们就能自行解决纠纷而不会陷入战争状态,就不需要由国家(主要是法院)来解决纠纷了。组成国家的人不是神,由他们来解决纠纷也不能保证公正性,如何保证国家解决纠纷的公正性呢? 一是国家内部的分权制衡,即国家权力划分为立法、行政和司法,并由司法(法院)解决纠纷,在国家权力各组成部分中,司法(法院)相对更为超然、中立,最能保证公正;二是一套公正解决伤害争议案件的程序。现代国家主要以诉讼形式进行裁判并执行惩罚,因为诉讼是在法院主持下进行的,而且程序上也相对更为公正。

---

　　❶除了国家以外,某些民间机构也负责裁判或者惩罚。例如,历史上的某些家族会议也负责一部分裁判或者惩罚,今天的仲裁机构也负责一部分裁判,但这些都只是辅助的手段。

微课堂33：

"空怒族"的
法律风险

2014年6月21日,70多名乘坐香港航空HX234航班乘坐从香港飞往上海的内地游客因飞机晚点,且与航空公司无法就赔偿达成一致,采用拒绝下机的方式滞留香港机场索赔。在英语中有专门的词来形容这种乘客暴怒的行为,即"空怒"(air rage)。应该说,空怒这种索赔方式是自力救济的一种方式,很多人遇到纠纷也采取这种与对方直接对抗的方式寻求救济。但是,现代法律遇到纠纷主要以公力救济的方式,仅留给自力救济很小的空间。类似空怒的自力救济行为有很大的法律风险。空怒行为面临诸多法律风险:强行登、占航空器,聚众扰乱民用机场秩序都是违法行为。旅客采用霸机、冲闯跑道和打砸机场等方式"维权",涉嫌违法,可被处以行政拘留,如果在飞机上对空乘人员使用暴力,还可按刑法追责。另外,根据合同法的规定,航班延误后,旅客有义务防止损失扩大,否则不得就扩大的损失要求赔偿,而且反而要赔偿因霸占飞机给航空公司和机场造成的损失。

诉讼目的在于公正解决各种伤害争议案件,而所谓伤害行为可以进一步分为以下四种类型:私人之间的伤害行为;犯罪(违反刑法的严重伤害社会的行为);不属于犯罪的伤害社会的行为;政府伤害私人的行为。私人之间的伤害行为的裁判和惩罚由民事诉讼负责;犯罪的裁判和惩罚由刑事诉讼法负责;不属于犯罪的伤害社会的行为通常由行政行为加以裁判和制裁;政府伤害私人行为的裁判和惩罚,则由行政诉讼负责。可见,并非所有伤害行为都通过诉讼裁判和惩罚,某些行为的裁判和惩罚是由行政行为实施的,这主要是基于效率的考虑。根据这些伤害行为的性质,法律设计了民事、刑事和行政三种不同的诉讼制度。民事诉讼,解决的是私人之间的伤害,包括确认存在一种伤害关系并给受害方赔偿,也包括确认或者变更某种关系以免受到伤害,目的是确定平等主体之间民事责任(或者民事关系)以保护权利受害方的权益,除少数公益诉讼外,通常由私人面向私人提起,因此,经常被称为"民告民"。刑事诉讼解决的是犯罪问题,目的是确定犯罪嫌疑人的刑事责任和惩罚犯罪分子,保护公共利益,通常由代表公共利益的政府面向私人提起,因此,经常被称为"官告民"。行政诉讼解决的是政府对私人的伤害,任务是审查被诉行政行为的合法性,目的是保护受害方的权益以及监督行政机关依法行使职权,因此,经常被称为"民告官"。三大诉讼法中,民事诉讼与行政诉讼有更多类似性,都是由民提起,本质上都是权利救济行为,主要任务是对私人权利的救济,保护公共秩序只是附带任务;而刑事诉讼以官告民为主要形式,是一种权力行为,维护公共秩序是主要任务,保护私人权益只是附带任务。总之,诉讼法的学习总体上可以围绕"诉讼是法院主持下按照法定程序公正解决具体案件的过程"这句话加以理解。而民事、刑事和行政三种不同的诉讼制度则大体可以围绕民告民(确定民事关系或者民事责任以保护受害方的权益)、官告民(确定犯罪嫌疑人的刑事责任以保护公共秩序)、民告官(确定具体行政行为是否合法以保护受害方的权益)加以理解。不过,有规则就有例外,民事诉讼主要是民告民,但部分公益民事诉讼则是官告民❶;刑事诉讼主要是官告民,但自诉案件则是民告民;行政诉讼是民告官,但也有一些国家存在官告官的行政诉讼。完整理解这些例外,才能准确理解诉讼法。

诉讼法的内容在理论上可以具体分为基本原则和具体制度。下面,围绕这两方面谈谈如何一句话理解诉讼法。

一、诉讼法基本原则

诉讼法基本原则包括一般性原则和特有原则。一般性原则被称为三大诉讼法的共有原则,根据宪法和三大诉讼法的规定,包括:①人民法院独立审判原则;②以事实为依据,以法律为准绳原则;③适用法律平等原则;④使用本民族语言文字进行行政诉讼原则;⑤合议、回避、公开审判、两审终审原则;⑥人民检察院对审判活动实行检察监督原则。这些原则均可以围绕"公正解决具体案件"这一诉讼基本特征加以理解。案件解决过程,是一个将法律运用于现实生活的过程,目的是基于对过去发生之历史事实的发现,通过诉讼的过程适用法律明确责任。为了保证诉讼的过程公正性,必须坚持"以事实为依据,以法律为准绳原则"。而在法律适用过程中,争议双方必然会倾向于选择

---

❶《民事诉讼法》第五十五条规定:"对污染环境、侵害众多消费者合法权益等损害社会公共利益的行为,法律规定的机关和有关组织可以向人民法院提起诉讼。"

对自己有利的解释,因此,需要有一个中立的权威机构负责认定事实和解释适用法律。政府高居于私人之间,具有一定中立性,但是,这种中立远远不足。一方面,在现代社会中政府广泛介入社会生活,大量争议发生在政府与私人之间,另一方面,政府本身也是由人组成的,如果不采用一定的制衡机制不足以保证其中立性,因此,需要建立一个独立于政府和社会力量的法院来负责争议的解决。法院的中立性是公正解决案件的基础,人民法院独立审判原则、回避原则,都是为了保证法院的中立性。法院也是由人组成的,法院的中立并不能保证法院的公正,因此,还要运用其他的规则来保证公正性。合议制度是希望通过集思广益以利于公正裁判。适用法律平等原则,是为了通过当事人平等以预防法律的裁判有失公正。使用本民族语言文字进行行政诉讼原则其实也是为了保证当事人的平等。"阳光是最好的防腐剂",公开审判原则,则是寄希望于通过公开审判保证公正。两审终审原则,一方面是希望通过两审这种可纠错程序保证公正,另一方面是为避免过分耗费社会成本影响公正,因此,只限两审即终审。人民检察院对审判活动实行检察监督原则,则是寄希望于制衡保证公正。以上属于法律明文规定的诉讼基本原则,另外理论界还归纳了以下几个一般原则:不告不理原则,直接、言词原则,审判及时原则,集中审理原则。不告不理,是指没有原告的起诉,法院就不能进行审判。法院虽然有它的权威性,但法院审判人员仍然是人而不是神,也可能有失公正。不告不理原则通过当事人自我负责而法院消极被动保证诉讼的公正性。直接、言词原则,是指审理案件的审判人员必须在法庭上亲自听取当事人、证人和其他诉讼参与人的口头陈述,对于案件事实和证据必须由双方当事人当庭口头提出,并以口头辩论和质证的方式进行庭审调查。直接、言词原则是直接原则和言词原则的合称,如法谚所言"任何人在遭受不利影响前都要被听取意见",直接、言词原则是公正裁判的必要前提。审判及时,是指人民法院审判案件应在法律规定的期限内进行,而且应尽量做到快速结案。迟来的正义非正义,审判如果不及时也会丧失应有的公正性。集中审理原则,又称不间断审理原则,是指法庭对各类诉讼案件的审理原则上应当持续进行,除了必要的休息时间以外,不得中断审理。这个原则是希望通过不间断来保证公正。

　　诉讼法原则除了一般原则外,还有各诉讼法的特有原则。民事诉讼特有原则是反映民事诉讼的特点和规律,根据民事诉讼的特殊要求所设定的基本原则,包括:①当事人权利平等原则。刑事诉讼、行政诉讼也强调平等原则,其平等含义体现在两方面:一是适用法律平等,没有人有超越法律的特权,这是法律面前人人平等在诉讼领域中的延伸;二是地位平等,一方不能强加自己的意志给另一方,行政诉讼全过程都贯穿这一原则,而刑事诉讼则是体现在法庭辩论过程中。❶民事诉讼中强调平等原则除了适用法律平等和贯穿诉讼全过程的地位平等外,还包括在诉讼中所能运用的法律权利资源平等,具体表现为两种情况:一是当事人某些权利是相同的,如原、被告都享有委托代理人、申请回避、提供证据等权利;二是当事人的某些诉讼权利是相对的,如原告享有提出诉讼请求的权利,被告则享有反驳原告诉讼请求的权利。而刑事诉讼和行政诉讼都有官的因素,法律已在诉讼前为官的行为提供了相当的法律资源,相应的,在诉讼中,官的诉讼权利就较民的诉讼权利有更多限制,当事人权利平等原则并不为刑事诉讼、行政诉讼所强调;而民事诉讼属于民告民,因此,特别强调双方在诉讼中所能运用的法律权利资源平等。②辩论原则,是指民事诉讼的当事人有权就争议的事实和法律问题,在法院的主持下进行辩论,说明和论

---

❶法庭辩论之外,侦查机关、检察机关和法院对犯罪嫌疑人(被告人)是可以依法强制的。

证自己主张的真实性和合法性,反驳对方当事人的意见和主张。辩论原则,目的是弱化法院对诉讼程序的职权干预,尊重当事人的程序主体地位,强化当事人诉讼程序的主导权。在民事诉讼中贯彻辩论原则是双方当事人权利平等原则的体现和要求。辩论原则贯穿整个审判进程,而且,审判人员应当保障各方当事人平等地、充分地行使辩论权,应当耐心听取各方当事人的辩论主张和各方意见。相对而言,刑事诉讼和行政诉讼的辩论主要局限于当庭辩论,其辩论的含义与民事诉讼辩论是两回事,主要是因为刑事诉讼和行政诉讼当事人的权利并不完全平等。③处分原则,是指民事诉讼当事人有权在法律规定的范围内自由处置自己的民事权利和民事诉讼权利。处分原则反映了民事诉讼的特质,是贯彻私法自治的必然结果。相对而言,刑事诉讼与行政诉讼都有"官"的因素,因此,都没有规定处分原则。④法院调解原则,《中华人民共和国民事诉讼法》(以下简称《民事诉讼法》)第九条规定:"人民法院审理民事案件,应当根据自愿和合法的原则进行调解;调解不成的,应当及时判决。"调解原则,是私法自治的体现,也与我国的传统文化有关。我国的传统文化的最高境界是和谐,建立在此观念基础上的古代社会,调解被广泛运用,是纠纷解决的主要手段之一。民事诉讼中,法院调解贯穿于审判程序的始终❶,无论是一审程序、二审程序还是再审程序,也无论是普通程序还是简易程序,人民法院都可以适用调解。相对而言,刑事诉讼与行政诉讼所要裁决的法律关系属于"公法",因此,调解受到很多限制。⑤支持起诉原则,《民事诉讼法》第十五条规定:"机关、社会团体、企业事业单位对损害国家、集体或者个人民事权益的行为,可以支持受损害的单位或者个人向人民法院起诉。"支持诉讼原则是对私法自治的补充,它追求的不是自由

---

❶在执行程序中,不能适用调解,但可以执行和解。

意志的平等，而是利益平衡。在私法中，自由意志的平等优先于利益平衡。支持诉讼原则只是作为补充性原则。⑥同等与对等原则。同等原则，是指一国公民、组织在他国进行民事诉讼时，与他国公民、组织享有同等的诉讼权利和承担同等的诉讼义务。对等原则，是指一国法院在民事诉讼中对他国公民、组织的诉讼权利加以限制的，他国法院对该国公民、组织的民事诉讼权利加以同样限制的原则。同等原则，是当事人权利平等原则在涉外民事诉讼中的体现，对等原则是同等原则的限制，是维护国家主权的需要，审理涉外民事案件首先应该坚持同等原则，然后才是以限制对抗限制的对等原则。

刑事诉讼特有的基本原则，包括：侦查权、检察权、审判权由专门机关依法行使原则；分工负责、互相配合、互相制约原则；犯罪嫌疑人、被告人有权获得辩护原则；无罪推定原则（未经法院依法判决，对任何人不得确定有罪原则）；上诉不加刑原则等。这些原则可以从"官告民"的特点加以理解。前两项原则，体现的就是"官告民"中的运作原则，通过分权制衡保证官权力行使的公正性。后三项原则，则是考虑官的行为已在诉讼前动用了较多的法律资源，因此，诉讼中倾向于保障民的权利。

行政诉讼不同于民事诉讼、刑事诉讼的特有原则包括：人民法院审理行政案件对行政行为是否合法有审查权原则；被告对作出行政行为负有举证责任原则；行政行为不因诉讼而停止执行原则；人民法院审理行政案件不适用调解原则；司法变更权有限原则。这些特有原则，可结合民告官的特点加以理解：因为告的是官，所以审理的是行政行为；因为核心目的是保护民，所以，人民法院审理行政案件对行政行为是否合法有审查权，被告对作出的行政行为负有举证责任；因为要监督的是行政机关是否依法行使行政职权，所以不适用调解；因为官代表公共利益，有先定力，所以，行政行为不因诉讼而停止执行，司法变更权有限。

微课堂34：

从孔融让梨、分饼故事到正义女神

人活在这个世界上，必然存在稀缺资源的分配问题。

中国历史上孔融让梨更像是从道德角度解决这一问题。孔融小时候，父亲的朋友带了一盘梨，给孔融兄弟们吃。父亲叫孔融分梨，孔融挑了一个最小的梨，其余按照长幼顺序分给兄弟。孔融说："我年纪小，应该吃小梨，大梨该给哥哥们。"父亲听后十分惊喜，又问："那弟弟比你小啊？"孔融说："因为弟弟比我小，所以我也应该让着他。"孔融让梨的故事，很快传遍了汉朝。小孔融也成了许多父母教育子女的好榜样。

西方哲学史上也广泛流传着一个分饼的故事。两人分一块饼，只能用刀来切，没有任何的尺子、天平等测量工具来保证一刀下去，饼能公平地被分成平等的两份。也就是说，两人都有可能在这次利益的分配中吃亏或者占到便宜，这次分割，将注定是难以达到实质公平的。那么，怎样做才能让两人心服口服呢？一个好的选择是：一人切，另一人先拿。分饼故事虽然也备受法学重视，不过，在我看来，更像是从管理角度解决资源分配的故事。

从法律角度，如何解决资源分配的问题呢？这大概可以用正义女神的故事来概括。在欧美许多国家的最高法院建筑中，还有在一些公共广场上，常常矗立着这样一座雕像：一位成熟女性，表情沉静而刚毅。身着白袍头，戴金冠，右手执一把长剑，左手持一个天平。与希腊罗马神话中其他女神不同之处在于，这位女神的眼睛是用布蒙上的。正义女神为什么要蒙上眼睛呢？

就是要保证正义女神的中立性,从而对所有的人一视同仁,六亲不认,不论男女老少、贵贱尊卑、智愚贫富和人种肤色。法律解决资源分配最有代表性的方法就是,由中立机构(法院)来解决纠纷,其核心原则之一就是"任何人都不得当自己的法官"。

二、诉讼法制度

了解了诉讼法原则之后,我们再看看诉讼法的制度。诉讼法的制度主要包括诉讼主体制度、证据制度和诉讼程序制度三大模块。为什么区分这样三大模块呢？这可以结合诉讼作为解决案件活动的特点加以理解。法律是人(主体)的行为规范,所有法律制度都得明确到底主体是谁,诉讼活动也不例外。诉讼是以事实为根据解决案件的过程,俗话说"打官司就是打证据",证据制度是诉讼法的重要组成部分。诉讼是官司,是一种程序,诉讼法最后还是要落实到程序制度。

(一)诉讼主体制度

诉讼是法院解决具体案件的活动,三大诉讼法的诉讼主体都有共同的主体——法院。而在诉讼参与人方面则有所不同,其中行政诉讼与民事诉讼基本相同,包括:原告、被告、第三人、诉讼代表人、共同诉讼人、诉讼代理人(法定诉讼代理人、委托诉讼代理人)和其他诉讼参加人(勘验人、鉴定人、证人和翻译人员)。刑事诉讼包括:公安机关、检察院、被害人(仅指公诉案件被害人)、自诉人、犯罪嫌疑人、被告人❶、附带民事诉讼当事人和其他诉讼参与人(法定代理人、诉讼代理

---

❶在刑事诉讼的全过程中,犯罪嫌疑人和被告人是同一人在不同阶段的不同称谓。在刑事侦查至提起公诉前,公安机关与检察机关将都称其为犯罪嫌疑人;自检察院向法院提起公诉时起,即检察院向法院递交的起诉书上,开始将其称为被告人,在法院审理时也叫作被告人。

人、辩护人、证人、鉴定人和翻译人员)。民事诉讼与行政诉讼虽然有民告民与民告官之区别,但诉讼主体基本一样,理论上刑事诉讼作为官告民似乎也应一样,官就是原告,为什么会有所不同呢? 这主要是由犯罪行为危害社会的性质所决定的,民事诉讼与行政诉讼所解决的争议其实都是针对私人而不是社会的伤害,而犯罪行为则是危害社会的行为,因此,对犯罪行为追诉通常属于公诉,主体也就有所不同。

在各诉讼主体的具体法律制度中,首先值得重视的是法院的制度,主要包括管辖、回避等制度。民事诉讼与行政诉讼管辖是指各级人民法院之间以及同级人民法院之间受理第一审案件的权限和分工。而刑事诉讼因为是公诉,所以管辖包括两个方面的内容:一是立案管辖,人民法院、人民检察院和公安机关各自直接受理刑事案件的职权范围;二是审判管辖,人民法院审判第一审刑事案件的权限划分。这里只讨论三大诉讼法在审判管辖上的异同。

审判管辖分为级别管辖和地域管辖。在级别管辖方面,三大诉讼法都规定一般案件的第一审由基层法院管辖,重大及复杂案件根据具体情况分别由中级、高级和最高法院管辖。哪些是一般案件,哪些是重大及复杂案件,不同诉讼法的规定显然是不同的,但大体都可以围绕民告民、民告官和官告民加以理解。案件在不同级别法院的分配,民事诉讼中主要考虑争议标的、当事人人数、社会影响、涉外性、专业性及案情复杂程度;行政诉讼主要考虑被告行政级别、案件的社会影响、专业性以及复杂程度等;刑事诉讼主要考虑刑罚的严厉程度(可能判处死刑、无期徒刑或者违法所得财产没收)、是否危害国家安全以及案件的社会影响等。关于级别管辖另一个值得注意的问题是管辖权向下或向上转移问题。刑事诉讼管辖权不能向下转移,依法应当由上级人民法院管辖的第一审刑事案件,不能指定下级法院管辖,而下级可以请求移送上级法院审判。行政诉讼管辖权也不能向下转移,上级人民法院有权审理下级人民法院管辖的第一审行政案件,但是不能把自己管辖的第一审案件移交下级法院审判。民事诉讼中,上级法院有权审理下级法院管辖的第一审民事案件,也可以报请其上级人民法院批准把本院管辖的第一审民事案件交下级人民法院审理。下级法院对它所管辖的第一审民事案件,认为需要由上级法院审理的,可以报请由上级法院审理。刑事诉讼、行政诉讼不能向下移转,而民事诉讼则可以,这大体可通过诉讼所解决的争议的性质加以解释。刑事诉讼、行政诉讼解决的争议涉及公权纠纷,而民事诉讼则是私权纠纷。

在地域管辖方面,三大诉讼法有一般地域管辖和特殊地域管辖的规定。一般地域管辖,民事诉讼以被告所在地法院管辖为一般原则,原告所在法院管辖为例外规定;刑事诉讼以犯罪地(即犯罪行为发生地和犯罪结果发生地)法院管辖为主,被告人居住地法院(户籍所在地、经常居所地)管辖为辅;行政诉讼由最初作出行政行为的行政机关所在地法院管辖,经复议改变的,也可以由复议机关所在地法院管辖。民事诉讼与行政诉讼比较类似,都是被告所在地,而刑事诉讼以犯罪地为主,这与犯罪行为的危害社会的性质有关,对犯罪行为的惩罚,不仅考虑对犯罪人的效应,而且还考虑对社会其他成员的效应,因此,犯罪地更为合适。特殊地域管辖方面,三大诉讼法也各有不同的规定。这些规定主要是基于起诉方便和便于法院查清事实,其中民事诉讼法还有协议管辖,这主要是考虑到私法自治。对于两个以上人民法院都有管辖权时的冲突解决,民事诉讼由最先立案法院管辖,行政诉讼由最先收到起诉状法院管辖,刑事诉讼由最先受理法院管辖。为什么呢?总的来说,这些管辖规定更多是基于效率原则而不是平等原则。不过,这并不违反平等优先于效率的现代法律制度设计原则,我们讲平等优先于效率是指整个法律制度的设计,而具体到各个制度,则要根据该制度的功能灵活选择"平等优先于效率,或者效率优先于平等"。

微课堂35：

张子强案的管辖权争议

张子强（1955—1998年），男，绰号"大富豪"，广西玉林人。4岁时随父母去香港定居，是香港一个犯罪集团首脑。曾策划绑架著名香港富豪李嘉诚的长子李泽钜和香港富豪郭炳湘，获得数亿港元赎金，他犯罪所得额之高曾录入吉尼斯世界纪录大全。

1998年1月7日，张子强指使钱汉寿购买炸药818公斤，后于17日被港警查获。张子强于15日到达大陆广州白云机场接从泰国回来的团伙2号人物"蝠鼠"胡济舒，2人于1998年1月25日在江门外海大桥检查站被抓。1998年11月12日，广州市中级人民法院对张子强犯罪集团43名罪犯进行宣判，判处张子强、陈智浩、马尚忠、梁辉、钱汉寿死刑，剥夺政治权利终身，宣判完毕，张子强等26名被告不服，提出上诉。1998年12月5日，广东省高级人民法院对张子强上诉案进行审理，终审决定维持原判。

由于张子强的身份是香港市民，犯罪地点也分别在内地和香港，有关张子强该不该由内地司法机关审判，各种言论铺天盖地。最后，司法部门认定，张子强许多犯罪活动均在内地发生，内地司法机关对张审判是有法可依的。

回避制度由回避的法定情形、回避的适用范围和回避的决定程序等内容组成。回避的目的是保证中立性，三大诉讼法都是追求这样的目的，因此，在需要回避的情形基本相同，都适用《最高人民法院关于审判人员在诉讼活动中执行回避制度若干问题的规定》。该规定将审判人员应当回避的情形归纳为五项：（一）是本案的当事人或者与当事人有近亲属关系的；（二）本人或者其近亲属与本案有利害关系的；（三）担任过本案的证人、翻译人员、鉴定人、勘验人、诉讼代理人、辩护人的；（四）与本案的诉讼代理人、辩护人有夫妻、父母、子女或者兄弟姐妹关系的；（五）与本案当事人之间存在其他利害关系，可能影响案件公正审理的。关于回避的适用范围和回避的决定程序，行政诉讼与民事诉讼基本相同。院长回避，本院审判委员会决定；审判人员回避，院长决定；其他人员（书记员、翻译人员、鉴定人、勘验人员）回避，审判长决定。刑事诉讼，法院院长回避，本院审判委员会决定；检察长、公安机关负责人回避，同级人民检察院检察委员会决定；审判人员、检察人员、侦查人员、书记员回避，由院长、检察长、公安机关负责人决定；翻译人员、鉴定人员回避，由聘请或者指派方负责人决定。因为官告民程序的特殊性，刑事诉讼多了侦查人员和检察人员的回避，而且书记员、翻译人员、鉴定人员回避，分别由院长、检察长、公安机关负责人而不是审判长决定。

（二）证据制度

证据制度由证据种类、举证责任制度、证明标准制度等内容组成。

1. 证据种类

三大诉讼完全相同的证据种类有"物证、书证、证人证言、视听资料、鉴定意见、勘验笔录、电子数据"。行政诉讼法与民事诉讼法有当事人陈述,刑事诉讼则是"被害人陈述"和"犯罪嫌疑人、被告人供述和辩解"。行政诉讼法比民事诉讼法、刑事诉讼法多了一个"现场笔录"。现场笔录属于行政诉讼特有的证据类型,是行政诉讼证据形式与民事诉讼证据形式唯一不同的证据形式。刑事诉讼法比民事诉讼法、行政诉讼法多了"检查笔录、辨认笔录和侦查实验笔录等"。为什么会有这样的区别呢?看看现场笔录与检查笔录的概念就很清楚了。现场笔录是指国家行政机关及其工作人员在进行当场处罚或其他紧急处理时,对有关事项当场所做的记录。检查笔录,是指办案人员为确定被害人、犯罪嫌疑人、被告人的某些特征、伤害情况或生理状态,而对他们的人身进行检验和观察后所做的客观记载。行政诉讼法、刑事诉讼法之所以多了现场笔录与检查笔录这两项证据,是因为官的因素。行政诉讼是民告官,刑事诉讼是官告民,而又因为两者官的性质有所不同,所以一个称为现场笔录,一个称为检查笔录。

2. 举证责任

三大诉讼法举证责任制度各不相同,这种不同完全可以通过诉讼目的加以理解。刑事诉讼的目的是确定犯罪嫌疑人的刑事责任,因此,举证责任主要由控方承担。公诉案件,由作为公诉机关的人民检察院承担证明犯罪嫌疑人、被告人有罪的责任;自诉案件中,自诉人应对其控诉承担证明责任;刑事案件中的被告人(犯罪嫌疑人),一般不负举证责任,既不证明自己有罪,也不证明自己无罪。❶行政诉讼的目的是确定行政行为是否侵犯相对人的合法权益,行政主体在作出行政行为时就必须对其合法性负责。因此,在诉讼中,作为被告的行政主体应对自己所作出的行政行为负有举证责任,应当提供作出行政行为的证据及所依据的法律规定。行政诉讼的原告在以下三种情况承担举证责任:(一)证明起诉符合法定条件;(二)起诉被告不作为的案件中,证明其提出申请的事实由原告举证。❷(三)在行政赔偿诉讼中,原告应当对被诉具体行政行为造成损害的事实提供证据。行政赔偿诉讼适用民事诉讼法的举证规定,原告对损害是行政机关工作人员的职务行为所致及造成什么样的损害事实、损害结果承担举证责任。民事诉讼的目的是确定平等主体之间的关系或者责任,平等主体之间自由意志平等,一方不能将自己的意志强加给另一方,因此,实行"谁主张,谁举证"的原则。不管是原告还是被告或是诉讼中的第三人,对自己的主张都负有举证责任。如果不能举证,就要承担败诉的风险。不过,民法中,平等虽然主要是自由意志平等,但也不排除利益平衡,因为在某些关系中单纯的自由意志平等可能导致利益严重失衡,所以,民事诉讼法在某些特殊侵权案件中引入举证责任倒置。在一般的民事诉讼中,举证责任总是从原告开始的,但是在某些特殊的侵权纠纷案件中,如因产品制造方法发明和专利引起的

---

❶巨额财产来源不明罪、非法持有假币罪、非法持有毒品罪的犯罪嫌疑人、被告人也负有提出证据的责任,属于少有的例外。

❷《最高人民法院关于行政诉讼证据若干问题的规定》第四条规定:在起诉被告不作为的案件中,原告应当提供其在行政程序中曾经提出申请的证据材料。但有下列情形的除外:(一)被告应当依职权主动履行法定职责的;(二)原告因被告受理申请的登记制度不完备等正当事由不能提供相关证据材料并能够作出合理说明的。被告认为原告起诉超过法定期限的,由被告承担举证责任。

专利诉讼、因缺陷产品致人损害的侵权诉讼、高度危险作业致人损害的侵权诉讼、因环境污染引起的损害赔偿诉讼、因医疗行为引起的侵权诉讼、高度危险作业致人损害等，受害人往往是公民个人，鉴于各种客观条件的限制，他们作为原告，只能证明自己是受到了损害，但对被告是否存在过错则拿不出有力的证据，如果仍然要求原告负举证责任，可能会使侵权人因此而逃避赔偿责任。因此，我国民事诉讼法为了解决这一问题，提出了举证责任倒置的原则。即在一些特殊的侵权案件中，原告只需表明有侵权事实的存在，对原告提出的侵权事实，被告否认的，被告则必须对其提出的反驳主张负举证责任，如果不能就此举证证明，则推定原告的事实主张成立，被告需承担相应的民事责任。

3. 证明标准

证明标准，指负担证明责任的人提供证据加以证明所要达到的程度。我国现行三大诉讼法对证据的要求是"证据确实充分"，不过，何为"确实充分"三大诉讼法还是有所不同的。

刑事诉讼的证明标准要求最高，必须达到"排除合理怀疑"。《中华人民共和国刑事诉讼法》（以下简称《刑事诉讼法》）第一百九十五条规定："在被告人最后陈述后，审判长宣布休庭，合议庭进行评议，根据已经查明的事实、证据和有关的法律规定，分别作出以下判决：①案件事实清楚，证据确实、充分，依据法律认定被告人有罪的，应当作出有罪判决；②依据法律认定被告人无罪的，应当作出无罪判决；③证据不足，不能认定被告人有罪的，应当作出证据不足、指控的犯罪不能成立的无罪判决。"据此，我国刑事诉讼法认定被告人有罪的证明标准是"犯罪事实清楚，证据确实、充分"。如何把握证据确实、充分呢?《刑事诉讼法》第五十三条明确规定:"证据确实、充分,应当符合以下条件:(一)定罪量刑的事实都有证据证明;(二)据以定案的证据均经法定程序查证属实;(三)综合全案证据,对所认定事实已排除合理怀疑。"所谓"排除合理怀疑",主要有四层含义:①合理怀疑是有根据的怀疑,而不是无根据的怀疑,怀疑者本人能清楚地说明怀疑的根据是什么。②排除合理怀疑的证明并不排除所有的可能性,而是排除那种有根据的可能性。③排除合理怀疑的证明要求法官对指控的犯罪事实形成内心确信,深信不疑。④在存在合理怀疑时,法官应当作出有利于被告人的认定结论。与"排除合理怀疑"相对应的一项重要制度是"疑罪从无"。疑罪从无原则是现代刑法"有利被告"思想的体现,是无罪推定原则的具体内容之一,即既不能证明被告人有罪又不能证明被告人无罪的情况下,推定被告人无罪。《刑事诉讼法》第一百七十一条规定:对于二次补充侦查的案件,人民检察院仍然认为证据不足,不符合起诉条件的,可以作出不起诉的决定。"《刑事诉讼法》第一百七十三条规定:"犯罪嫌疑人没有犯罪事实,或者有本法第十五条规定的情形之一的,人民检察院应当作出不起诉决定。"《刑事诉讼法》第一百九十五条第三项规定:"证据不足,不能认定被告人有罪的,应当作出证据不足、指控的犯罪不能成立的无罪判决。"这些规定表明,刑事诉讼法明确了"疑罪从无"的处理原则。

我国民事诉讼的证明标准是高度盖然性的证明标准,即证据只要能够基本倾向于证明案件事实即可,并不需要像刑事诉讼中一样,必须达到"排除合理怀疑"的证明标准。《最高人民法院关于民事诉讼证据的若干规定》第七十二条规定:"一方当事人提出的证据,另一方当事人认可或者提出的相反证据不足以反驳的,人民法院可以确认其证明力。一方当事人提出的证据,另一方当事人有异议并提出反驳证据,对方当事人对反驳证据认可的,可以确认反驳证据的证明力。"《最高人民法院关于民事诉讼证据的若干规定》第七十三条规定:"双方当事人对同一事实分别举出相反的证据,但都没有足够的依据否定对方证据的,人民法院应当结合案件情况,判断一方提供证据的证明力是否明显大于另一方提供证据的证明力,并对证明力较大的证据予以确认。因证据的证明力无法判断导致争议事实难以认定的,人民法院应当依据举证责任分配的规则作出裁判。"第七十三条规定可以概括为"明显优势证据规则"。根据此条规定,在双方当事人对同一事实举出相反证据且都无法否定对方证据的情况下,一方当事人的证明力较大的证据支持的事实具有高度盖然性,人民法院应当依据这一证据作出判决。

行政诉讼证明标准介于刑事诉讼与民事诉讼证之间,标准相对灵活。民事诉讼当事人之间的权利义务是对等的,一般采用高度盖然性证明标准;刑事诉讼任务追究刑事责任,而且当事人之间的权利义务不对等,证明标准必须达到"排除合理怀疑";而行政诉讼当事人的权利义务不对等程度介乎民事诉讼和刑事诉讼之间,一般应采用严格程度介乎其间的证明标准,有的采用明显优势证据规则,在某些特定情况下则要求采用排除合理怀疑标准。行政行为是行使国家权力的行为,涉及公共利益。不过,要求行政机关在每一个案件当中都达到与刑事诉讼相同的证明标准,不仅会妨害行政效率,而且可能损害公共利益,因此,行政诉讼中通常采用"明显优势证据规则"。只有在对行政相对人人身或财产权益有重大影响的行政案件,要求达到"排除合理怀疑"。

微课堂36：

"我刚刚明白，我原来是清白的"

在律师竭尽全力的辩护下，被告人终于被宣布无罪释放。

在法院门口，律师问被告人："你已经获得释放，我们即将分手了。现在请你最后向我说实话，你是否真的犯了罪？"

被告人回答："律师先生，当我在法庭上听到你为我作精彩的辩护时，我刚刚明白，我原来是清白的。"

这是网上流传甚广的一个段子，颇有冷幽默的感觉，似乎在讽刺律师。对于不熟悉法律的人，面对这样的幽默或许会有困惑。为什么被告直至律师辩护才刚刚明白他是清白的呢？有一个归纳说得好："当时发生了什么；我们认为当时发生了什么；证据证明当时发生了什么。这是不同的三件事，法律只承认最后一件。"被告人无罪是根据法庭认定的证据无罪，至于当时客观事实是否真的犯罪并不是法庭所能裁决的，而被告人认为当时发生了什么也不是法庭裁决的依据。以事实为依据，以法律为准绳，其实是以证据为依据，以法律为准绳。

(三)诉讼程序制度

三大诉讼程序存在两审终审、合议、公开审判等诸多共同的制度，不过，在具体制度上仍有很多差别，这些差别大体可以围绕民告民、官告民和民告官加以理解。诉讼程序包含丰富的内容，下面仅选取若干典型制度加以分析。

微课堂37：
《铡美案》的
程序问题

《铡美案》又名《秦香莲》，是包公故事里一个很有名的段落。

宋朝，陈世美家境贫寒，与妻子秦香莲恩爱和谐，十年苦读的陈世美进京赶考，中状元后被宋仁宗招为驸马。秦香莲久无陈世美音讯，携子上京寻夫。陈世美拒不相认，又恐节外生枝，派韩琪追杀秦香莲母子，秦香莲哭诉真情。韩琪听罢十分同情，让秦香莲母子快些离开。但韩琪因无法交差，便自刎而死。秦香莲，悲愤至极，收起沾满鲜血的钢刀，直奔开封府告状。包拯接到状纸，便派武官王朝去传请陈世美。陈世美不请自来，反告王朝杀了韩琪。包拯传秦香莲出庭作证，陈世美拔剑刺向秦香莲，包拯见人证物证俱在，便将陈世美押入大牢。事后，公主和国太都来求情。但包公执法如山，决定将陈世美判以死刑，当场开铡。

在铡美案中，"王子犯法与庶民同罪"司法独立等法律理念无疑是正面的，具有积极意义。但是，如果从诉讼程序的角度看，不管是在今天还是宋朝，都存在严重违法行为。按宋朝法律,刑事案件实行审断分离,应由司理参军负责审讯,司法参军定罪量刑,知府仅作决断,最后还要由提刑司进行复核审查。本案涉及死刑,依宋刑统凡天下大辟罪(死罪)案件,都要送朝廷刑部复审,如同今天死刑复核在最高院。戏中包公把活儿一人做了,其实是严重背离法治的行为。贪恋荣华富贵、杀妻灭子的陈世美给铡死了,看戏的观众拍手叫好。但是,这却是中国法治的悲哀。

1. 起诉与受理

人民法院审理的各种案件,是以公诉机关或者当事人的起诉为前提得,如果没有人起诉,法院对任何案件都不主动审理。民事诉讼法中的起诉,是指民事法律关系主体因自己的或依法受其管理、支配的民事权益受到侵犯,或者与他人发生争议,以自己的名义请求法院予以审判保护的诉讼行为。行政诉讼法中的起诉是指公民、法人或者其他组织认为行政主体的行政行为侵犯其合法权益,依法请求人民法院行使国家审判权,给予司法补救的诉讼行为。刑事诉讼中的起诉,指享有控诉权的国家机关和公民,依法向法院提起诉讼,请求法院对指控的内容进行审判,以确定被告人刑事责任并依法予以刑事制裁的诉讼行为。刑事诉讼中的起诉实质上是控诉,目的是确定犯罪嫌疑人的刑事责任以保护社会秩序。因此,大部分刑事诉讼案件属于公诉,由公安机关或者检察院立案侦查,通过人民检察院提起公诉。只有以下三类案件为自诉:告诉才处理的案件;被害人有证据证明的轻微案件;被害人有证据证明对被告人侵犯自己人身、财产权利的行为应当依法追究刑事责任,而公安机关或者人民检察院不予追究被告人刑事责任的案件。民事和行政诉讼的目的在于保护权利受害方的权益,因此,基本上都属于自诉案件,原告是案件的直接利害关系人或是合法权益受到侵犯的人。与起诉相关的另一个现象是反诉。民事诉讼以及只有告诉才处理的案件和被害人有证据证明的轻微刑事案件可以反诉,刑事诉讼之公诉案件以及公诉转自诉案件不能反诉。行政诉讼中没有反诉的原因在于,"民告官"要求"两造恒定"——原告只能是处于被管理者地位的公民、法人或其他组织,被告只能是行政主体。类似的,公诉案件以及公诉转自诉案件不能反诉,是因为"官告民"。

微课堂38：

自诉案件不能以公诉方式作为——彭水诗案

2006年8月15日，公务员秦中飞写了一条名为《沁园春·彭水》的短信，以后的几天里，秦中飞把这条短信用手机和QQ向多位朋友发送了。其中前三句"马儿跑远，伟哥滋阴，华仔脓胞"，恰好嵌进了前任县委书记马平（调任另一县作书记后，因涉嫌受贿"数额巨大"，在秦中飞被传唤的头一天，重庆市人大许可逮捕）、时任县委书记蓝庆华和县长周伟的姓名，语含讥刺。

8月31日，警察搜查了秦中飞办公室的电脑，没收了他的手机。9月11日，以涉嫌"诽谤罪案"正式执行逮捕。之后，消息传开，引起全国舆论哗然。9月28日，秦中飞取保候审，总共关押29天。10月24日，县公安局对秦中飞宣布无罪开释，并表示道歉。县检察院主动提出申请国家赔偿，仅仅隔了一天，赔偿兑现。彭水诗案是一起政法部门不依法办案的案件，其中最明显的违法问题就是，诽谤罪是自诉案件，而彭水县公安局的行为明显以公诉案件的方式作为。

　　起诉之后,法院如果接受,同意进行审理,称为受理。受理是指人民法院对公民、法人或者其他组织的起诉进行审查后,对符合法律规定的起诉条件的,决定立案审理。受理,标志诉讼中审判程序开始。受理的前提是起诉符合条件,三大诉讼法对此都有具体的规定。刑事公诉案件,人民法院对提起公诉的案件进行审查后,对于起诉书中有明确的指控犯罪事实的和提起公诉的具体罪名,并属于本院管辖,法院应当决定开庭审判。刑事自诉案件,要求:①属于《刑事诉讼法》第二百零四条规定的自诉案件;②属于受诉人民法院管辖的;③刑事案件的被害人告诉的;④有明确的被告人、具体的诉讼请求和能证明被告人犯罪事实的证据。民事诉讼案件,要求:①原告是与本案有直接利害关系的公民、法人和其他组织;②有明确的被告;③有具体的诉讼请求和事实、理由;④属于人民法院受理民事诉讼的范围和受诉人民法院管辖。行政诉讼案件,要求:①原告是符合《中华人民共和国行政诉讼法》(以下简称《行政诉讼法》)第二十五条规定的公民、法人或者其他组织❶;②有明确的被告;③有具体的诉讼请求和事实根据;④属于人民法院受案范围和受诉人民法院管辖。所有的起诉都要求有明确的被告并属于法院受案和管辖范围,这一点可以结合不告不理原则加以理解。在诉讼事实证据方面,最严格的是刑事公诉案件,虽然法院只作程序审查而非实体审查,但是检察院提起公诉要求做到"事实查清、证据确实充分";其次是刑事自诉案件,要求具备能证明被告人犯罪事实的证据;然后是行政诉讼和民事诉讼案件,这一点可以结合

　　❶《行政诉讼法》第二十五条规定:行政行为的相对人以及其他与行政行为有利害关系的公民、法人或者其他组织,有权提起诉讼。有权提起诉讼的公民死亡,其近亲属可以提起诉讼。有权提起诉讼的法人或者其他组织终止,承受其权利的法人或者其他组织可以提起诉讼。

三大诉讼法的目的加以理解,因为所要追究的责任严厉程度的区别,所以在证据要求上有所不同。

2. 第一审普通程序

普通程序是指人民法院审理第一审案件时通常所适用的程序。普通程序是诉讼程序中最基本、最核心的一种程序,是诉讼程序的基础,具有审判程序通则的功能。简易程序、第二审程序和审判监督程序是专门用于处理简单案件、上诉案件和再审案件的诉讼程序,针对性强但不完整,法院在审理这些案件的过程中,凡是相应的程序没有规定的,就要适用普通程序的有关规定。从普通程序的基本结构来看,普通程序包括了当事人起诉、法院受理、审理前准备、开庭审理、诉讼中止和终结、判决和裁定等各个法定诉讼阶段,每一个诉讼阶段按顺序相互衔接,体系完整。

审理前准备,是指人民法院受理案件后、开庭审理前,为保证审理的顺利进行,由承办案件的审判人员所做的一些准备工作,包括依法组成合议庭、通知被告应诉和审判人员阅卷。在通知被告应诉方面,民事诉讼法、行政诉讼法都规定人民法院应当在立案之日起5日内将起诉状副本发送被告;而《刑事诉讼法》规定,人民法院应当确定合议庭的组成人员,将人民检察院的起诉书副本至迟在开庭10日以前送达被告人及其辩护人。这一区别并非是对刑事诉讼中被告权利保护的缺失,其实法律已经在侦查和审查起诉阶段为犯罪嫌疑人提供了大量的辩护机会。

开庭审理是指人民法院于确定的日期在当事人和其他诉讼参与人的参加下,依照法定的程序和形式,在法庭上对案件进行实体审理的诉讼活动,是普通程序中最基本和最主要的阶段。刑事诉讼法规定,法庭的审判程序分为庭前准备、法庭调查、法庭辩论、被告人最后陈述、评议和宣判;民事诉讼和行政诉讼法规定,法庭的审判程序分为庭前准备、法庭调查、法庭辩论、合议庭评议和宣判。其中,在法庭调查阶段,刑事诉讼包括:宣读与陈述,讯问和发问,定罪事实的调查,量刑事实的调查,申请通知新的证人到庭,宣布认证结论,对附带民事诉讼部分进行法庭调查;行政诉讼与民事诉讼包括:一是当事人陈述,二是出示证据和质证。三大诉讼法在开庭审理程序上的区别可以结合官告民、民告民和民告官的诉讼结构加以理解。

诉讼中止是指在诉讼过程中,诉讼程序因特殊情况的发生而中途停止的一种法律制度。民事诉讼法规定,有下列情形之一的,中止诉讼:①一方当事人死亡,需要等待继承人表明是否参加诉讼的;②一方当事人丧失诉讼行为能力,尚未确定法定代理人的;③作为一方当事人的法人或者其他组织终止,尚未确定权利义务承受人的;④一方当事人因不可抗拒的事由不能参加诉讼的;⑤本案必须以另一案的审理结果为依据,而另一案尚未审结的;⑥其他应当中止诉讼的情形。行政诉讼法规定,有下列情形之一的,诉讼予以中止:①原告死亡,须等待其近亲属表明是否参加诉讼的;②原告丧失诉讼行为能力,尚未确定法定代理人的;③作为一方当事人的行政机关、法人或者其他组织终止,尚未确定权利义务承受人的;④一方当事人因不可抗力的事由不能参加诉讼的;⑤案件涉及法律适用问题,需要送请有权机关作出解释或者确认的;⑥案件的审判须以相关民事、刑事或者其他行政案件的审理结果为依据,而相关案件尚未审结的。刑事诉讼中止审理的情形包括:①被告人患有严重疾病,无法出庭的;②被告人脱逃的;③自诉人患有严重疾病,无法出庭,未委托诉讼代理人出庭的;④由于不能抗拒的原因。这些区别基本上可以结合民告民、民告官和官告官的诉讼结构加以理解,民事诉讼、行政诉讼当事人双方都可能引起诉讼中止,刑事诉讼被告人、自诉人能引起诉讼中止,而公诉人除了不可抗拒的原因外不可能引起诉讼中止。

人民法院经过案件的审理,其终结案件审理的审判行为主要是判决。判决是人民法院在诉讼终局时直接针对案件的实体问题所做的决定。判决是人民法院代表国家行使审判权的具体结果,是国家意志在具体案件中的体现,一经作出,对当事人、法院和社会都产生相应的拘束力,非经法定程序,不得随意撤销或者变更。民事诉讼目的是确定平等主体之间民事责任(或者民事关系),以保护权利受侵害方的权益。因此,根据其所解决争议的方式不同,民事判决可以分为给付判决、确认判决和变更判决。给付判决是确定当事人之间实体权利、义务关系,责令负有义务的当事人履行一定义务的判决。例如,责令败诉方归还胜诉方的借款;责令败诉方停止或者履行某种行为等。给付判决的特点是,它使当事人一方产生实体义务,如果负有义务的当事人不履行义务,享有权利的一方当事人可以申请法院强制执行。确认判决是确认当事人之间的某种法律关系存在或者不存在的判决。例如,判决确定某房屋的所有权不是原告享有;判决确认甲乙之间存在收养关系等。变更判决是变更当事人之间原有法律关系的判决,如准予离婚的判决。刑事诉讼解决的是犯罪问题,目的是确定犯罪嫌疑人的刑事责任,因此,在第一审程序中,根据其法律适用的结果可以分为有罪判决和无罪判决。根据《刑事诉讼法》第一百九十五条的规定,有罪判决是人民法院通过对案件的审理,对案件事实清楚,证据确实、充分,依据法律认为被告人有罪时所作出的判决;无罪判决有两种情况:①依据法律认定被告人无罪的,应当作出无罪判决;②证据不足,不能认定被告人有罪的,应当作出证据不足、指控的犯罪不能成立的无罪判决。行政诉讼目的是解决行政争议,保护公民、法人和其他组织的合法权益,监督行政机关依法行使职权,因此在第一审程序中的行政诉讼判决有以下几种:驳回诉讼请求判决、撤销判决、履行判决、给付判决、确认违法判决、确认无效判决、变更判决等。

审理期限是指人民法院审理案件必须遵守的期限。民事诉讼普通程序,立案之日起6个月内审结;有特殊情况要延长的,报请本院院长批准,最长不超过6个月,还要延长的,报请上级法院批准。行政诉讼法普通程序,应当在立案之日起6个月内作出第一审判决。有特殊情况需要延长的,由高级人民法院批准,高级人民法院审理第一审案件需要延长的,由最高人民法院批准。刑事诉讼普通程序,应当在受理后2个月以内宣判,至迟不得超过3个月。对于可能判处死刑的案件或者附带民事诉讼的案件,以及有《刑事诉讼法》第一百五十六条规定情形之一的,经上一级人民法院批准,可以延长3个月;因特殊情况还需要延长的,报请最高人民法院批准。三者比较,刑事诉讼最短,为什么呢?18世纪意大利法学家贝卡里亚有精彩的论述,"惩罚犯罪的刑罚越是迅速和及时,就越是公正和有益","因为犯罪与刑罚之间的时间间隔得越短,在人们心中,犯罪与刑罚这两个概念的联系就越突出、越持续,因而,人们就很自然地把犯罪看作起因,把刑罚看作不可缺少的必然结果"。❶

3. 简易程序

民事诉讼简易程序适用于基层人民法院和它派出的法庭审理的案件,包括:事实清楚、权利义务关系明确、争议不大的简单的民事案件,以及当事人双方约定适用简易程序的民事案件。行政诉讼简易程序,适用于人民法院审理第一审行政案件,包括被诉行政行为是依法

---

❶贝卡里亚.论犯罪与刑罚[M].黄风,译.北京:中国法制出版社,2002.

当场作出、涉及款额 2000 元以下的、属于政府信息公开等三类事实清楚、权利义务关系明确、争议不大的案件,以及当事人各方同意适用简易程序的,可以适用简易程序。刑事诉讼简易程序适用于基层人民法院管辖的案件,要求:①案件事实清楚、证据充分的;②被告人承认自己所犯罪行,对指控的犯罪事实没有异议的;③被告人对适用简易程序没有异议的。三大诉讼法还分别对不适用简易程序的案件作了规定,民事诉讼法规定,不适用简易程序的案件有:①起诉时被告下落不明的案件;②发回重审和按照审判监督程序再审的案件;③一方当事人人数众多的;④涉及国家利益、社会公共利益的;⑤第三人起诉请求改变或者撤销生效判决、裁定、调解书的;⑥其他不宜适用简易程序的案件。行政诉讼法规定,发回重审、按照审判监督程序再审的案件不适用简易程序。刑事诉讼法规定有下列情形之一的,不适用简易程序:①被告人是盲、聋、哑人,或者是尚未完全丧失辨认或者控制自己行为能力的精神病人的;②有重大社会影响的;③共同犯罪案件中部分被告人不认罪或者对适用简易程序有异议的;④其他不宜适用简易程序审理的。简易程序审理前的准备、法庭调查顺序和法庭辩论顺序等的规定没有普通程序那样严格,也包含着对合议这样一项诉讼基本原则的背离,对程序的严格规定和实行合议制的目的是公正,背离的前提是不影响公正,因此,三大诉讼法都要求进入简易程序的案件事实清楚、权利义务明确。其中行政诉讼案件还对案件类型有专门要求"依法当场作出、涉及款额 2000 元以下的、属于政府信息公开"。刑事诉讼法则被告人的意思表示要求"被告人承认自己所犯罪行,对指控的犯罪事实没有异议的,且被告人对适用简易程序没有异议的",这主要因为行政诉讼和刑事诉讼涉及官民对抗,为更好保护民的权利,所以做了这样的要求。民事诉讼和行政诉讼允许双方同意的案件可以适用简易程序,这主要是因为它们诉讼的目的着眼于保护权利受侵害方的权益。而在不适用简易程序的规定方面,民事诉讼和行政诉讼主要是基于公正性、复杂性考虑,而刑事诉讼则基于被告人权益、社会影响等,这些都可以结合各自的诉讼目的加以理解。

在具体程序规定方面,简易程序的特点是时间短而且审判组织也相对简单,不过,三大诉讼法还是有所区别的。民事诉讼应当在立案之日起3个月内审结;行政诉讼案件应当在立案之日起45日内审结;刑事诉讼案件应当在受理后20日以内审结,对可能判处的有期徒刑超过3年的,可以延长至一个半月。民事诉讼、行政诉讼由审判员一人独任审理,而刑事诉讼案件,对可能判处3年有期徒刑以下刑罚的,可以组成合议庭进行审判,也可以由审判员一人独任审判;对可能判处的有期徒刑超过3年的,应当组成合议庭进行审判。三大诉讼法的区别,可以结合各自的诉讼目的加以理解。审理时间短主要是由刑罚惩罚决定的,及时才能体现刑罚公正与效益,而对可能判处的有期徒刑超过3年的实行合议制则是为了公正。

4. 调解

调解在民事诉讼中是一项基本原则,在自愿和合法的基础上,只要案件性质适合调解,人民法院都可以进行调解。其中,对离婚案件,人民法院必须首先进行调解。刑事诉讼中,对附带民事诉讼部分可以进行调解;非公诉转自诉的自诉案件(告诉才处理的案件,被害人有证据证明的轻微刑事案件)可调解;对公诉、《刑事诉讼法》第二百零四条第三项❶规定的自诉,不适用调解。行政诉讼中,人民法院审理的行政案件,不适用调解,但人民法院审理行政赔偿诉讼案件可以适用调解。

---

❶被害人有证据证明对被告人侵犯自己人身、财产权利的行为应当依法追究刑事责任,而公安机关或者人民检察院不予追究被告人刑事责任的案件。

三大诉讼法调解制度的区别可以结合各自的诉讼结构加以理解。民事诉讼是民告民,根据自由意志平等原则,当然可以调解,考虑到社会和谐,一部分案件还应该调解。刑事诉讼的公诉案件是官告民,行政诉讼是民告官,涉及不平等主体的关系,应该依法处理,除个别类型的案件外,不可调解。

5. 二审程序

第二审程序又称上诉审程序,是第二审人民法院根据上诉人的上诉或者人民检察院的抗诉,就第一审人民法院尚未发生法律效力的判决或裁定认定的事实和适用法律进行审理时,所应当遵循的步骤和方式、方法。第一审程序结束后,是否进入二审程序与审级制度密切相关。民事诉讼,两审终审为原则,一审终审为例外,实行一审终审的特殊情形有:最高人民法院审理案件所作出的判决、裁定;适用特别程序、督促程序、公示催告程序的案件;确认婚姻效力的案件[1];一审以诉讼调解方式结案的(民事调解书自签收之日起生效,不得上诉);基层人民法院和它派出的法庭审理按简易程序审理的简单的民事案件,标的额为各省、自治区、直辖市上年度就业人员年平均工资百分之三十以下的,实行一审终审。最高人民法院审理案件所作出的判决、裁定是一审终审是不得不的选择。二审的目的是公正,采用一审如果不会对公正产生冲击,或者反而有利于公正(如确认婚姻效力的案件),则是可以选择的,实行一审终审大体是基于这样考虑的。刑事诉讼,两审终审为原则,一审终审和两审不终为例外。刑事诉讼,除最高人民法院审理的第一审案件实行一审终审是不得不的选择,没有一审终审,说明刑事诉讼比民事诉讼对公正有更严格要

---

[1] 要注意确认婚姻效力的案件与婚姻关系有关的案件的区别,离婚案件实行两审终审制。

求，而死刑案件和法定刑以下判处刑罚的案件则为两审不终，这也是因为公正要求。行政诉讼，除了最高人民法院审理的第一审案件实行一审终审是不得不的选择，均为两审终审，与刑事诉讼的区别在于没有两审不终的例外。

实行两审终审制的案件，第一审人民法院作出判决和裁定不能立即生效，必须要经过一定的上诉期。上诉是当事人依法享有的权利。但是，并非对所有的裁判不服都能够提起上诉；同时，即使对可以提起上诉的裁判，上诉权利的行使也必须符合一定的条件。第一，必须是依法允许上诉的判决裁定。上诉只能就法律规定可以上诉的裁判提起，如果法律规定不准上诉的裁判，当事人不能上诉，上诉程序也就无从发生。三大诉讼法都规定，可以上诉的裁判必须是依法可以上诉的没有生效的判决、裁定。第二，必须有合格上诉人和被上诉人。民事诉讼和行政诉讼中，合格的上诉人，必须是在第一审案件中具有实体权利或义务的人，既可能是第一审案件的原告，也可能是被告，也包括共同诉讼人、诉讼代表人和直接承担一审裁判中实体权利义务的第三人。刑事诉讼中，被告人、自诉人和他们的法定代理人不服人民法院第一审判决、裁定的，有权向上一级人民法院上诉；被告人的辩护人和近亲属，经被告人同意，可以提出上诉；附带民事诉讼的当事人和他们的法定代理人，可以对地方各级人民法院第一审的判决、裁定中的附带民事诉讼部分提出上诉。民事诉讼、行政诉讼与刑事诉讼在合格上诉人方面的区别，主要在于刑事诉讼的公诉部分，这一点可以结合刑事诉讼"官告民"的特点加以理解，官告民是一种权力行为，民事诉讼和行政诉讼则是权利救济行为，两者有本质区别。作为权力行为，公诉机关对法院裁决不服，提起的是抗诉而非上诉。第三，必须在法定期限内上诉。民事诉讼、行政诉讼，不服裁定的上诉期为10天，不服判决的上诉期为 15 天。刑事诉讼，不服裁定的上诉期为 5 天，不服判决的上诉期为 10 天。刑事诉讼期限更短主要是为了保证刑罚的及时性。第四，必须依法定形式上诉。民事诉讼、行政诉讼上诉必须递交书面上诉状，而刑事诉讼，上诉可以书面或者口头，抗诉只能用书面方式。刑事诉讼上诉最为简单，可以采用口头方式，这主要是为了保护刑事被告人利益，为什么要特别保护刑事被告人呢？这主要是因为刑事诉讼是一种追究刑事责任的权力行为，为了保证权力不被滥用，在程序设计中必须特别注意保护被告人权益。

第二审人民法院审理上诉案件，首先适用第二审程序的有关规定，第二审程序没有规定的，适用普通程序的有关规定。理解第二审程序要注意了解普通程序与二审程序的区别，两者的区别主要体现在审判程序发生的原因、审判组织、审理的对象、审理的方式、裁判类型和效力。审判程序发生的原因，即上诉或者抗诉，前面已阐述。审判组织，不同三大诉讼法差异不大，一审法院适用第一审诉讼程序审理案件的组织形式有两种，即合议制和独任制。其中实行合议制的，合议庭可以由审判员组成，也可以由审判员和陪审员共同组成；而二审法院适用第二审程序审理上诉案件只能采取合议制，并且合议庭必须由审判员组成，不能有陪审员参加。下面，着重谈谈二审审理的对象、审理的方式以及裁判类型和效力。

审理对象方面。民事诉讼中，第二审法院只对上诉请求的有关事实和适用法律进行审查，只有发现在上诉请求以外原判决违反法律禁止性规定、侵害社会公共利益或者他人利益的，才不受上诉审理范围的限制。行政诉讼中，法院审理上诉案件，应当对原审判决、裁定和被诉行政行为进行全面审查。经审理需要改变原审判决的，应当同时对被诉行政行为作出判决。刑事诉讼中，二审应遵循全面审查原则：既要审查上诉或者抗诉的部分，又要审查没有上诉或者抗诉的部分；既要审查一审判决认定的事实是否正确，证据是否确实、充分，又要审查一审判决适用法律有无错误；既要审查刑事诉讼部分，又要审查附带民事诉讼部分；既要审查实体问题，又要审查程序问题。民事二审一般只审理上诉请求的范围，并不对全案进行审查，这是因为民事诉讼是民告民，解决的是私人之间的纠纷，特别强调私法自治，"不告不理"。行政诉讼涉及公权力行为的合法性判断，涉及公共利益，所以，实行全面审查原则。刑事诉讼的目的也涉及公共利益，同时由于牵涉到当事人的权益更为重大，为了更全面妥善地保护当事人的权益，所以，实行全面审查原则。

第二审人民法院审理上诉案件有两种方式，即开庭审理和不开庭审理。开庭审理是上诉案件审理的基本方式，其要求同时传唤各方当事人并通知其他诉讼参与人到庭，通过法庭调查、法庭辩论、合议庭评议、宣判等环节，对原裁判认定的事实、适用的法律以及当事人提出的新事实进行审查和口头辩论，经合议庭评议后作出新的裁判。三大诉讼法在不开庭审理方面各有所不同。行政诉讼法与民事诉讼法规定，二审法院经过阅卷、调查和询问当事人，对没有提出新的事实、证据或者理由，合议庭认为不需要开庭审理的，也可以不开庭审理。刑事诉讼法规定，第二审人民法院决定不开庭审理的，应当讯问被告人，听取其他当事人、辩护人、诉讼代理人的意见。同时，第二审人民法院对于下列案件，应当组成合议庭，开庭审理：①被告人、自诉人及其法定代理人对第一审认定的事实、证据提出异议，可能影响定罪量刑的上诉案件；②被告人被判处死刑的上诉案件；③人民检察院抗诉的案件；④其他应当开庭审理的案件。三者比较，行政诉讼法、民事诉讼法不开庭审理的适用最为宽松，对没有提出新的事实、证据或者理由，就可以不开庭审理。刑事诉讼法相对最严,死刑案件、抗诉案件不得"不开庭审理",同时,还应当讯问被告人,听取其他当事人、辩护人、诉讼代理人的意见。法律为什么做这样的设置呢?因为刑事诉讼牵涉当事人的更重大权益,所以要求更严。

第二审人民法院的裁判是终审裁判,一经作出,即发生法律效力。就二审裁判类型而言,三大诉讼法基本一致,包括:维持原判决、裁定,依法改判,撤销原判决、裁定,发回原审人民法院重审。

6. 审判监督程序

审判监督程序是指人民法院、人民检察院对已经发生法律效力的判决和裁定,发现在认定事实或适用法律上确有错误,依法提起并对案件进行重新审判的程序。审判监督程序作为司法补救程序,是一种特别的审判程序。除少数由检察机关、上级法院或本院依职权提起再审外,审判监督案件多数是由当事人申请再审引起的,因此在事实上包含两个程序:再审申请复查程序和再审程序。整个审判监督程序过程可以简单地表述为:申请再审——申请再审审查——决定再审(或予以驳回)——再审。按照审判监督程序对案件重新审判一律组成合议庭,合议庭必须重新组成,原合议庭的成员不得参加。审判监督程序本身没有独立的审判程序,其审判程序根据原审裁判生效的审级以及适用提审还是再审而有别:原审裁判是第一审后生效而现在是再审的,适用第一审程序❶,所作出的裁判可以上诉、抗诉;原审裁判是第一审后生效而现在是提审的,适用第二审程序,所作出的裁判是终审的判决、裁定;原审裁判是第二审后生效的,那么不管是提审还是再审,均适用第二审程序,所作出的裁判是终审的判

---

❶但不得适用简易程序,合议庭中不得有人民陪审员参加。

决、裁定。

　　审判监督程序体现对公正的追求，但是，其审理的对象是确定的生效判决，审判监督程序一旦启动，就是对司法终局性的怀疑，让程序的安定性遭到了一定程度上的破坏，因此，启动审判监督程序必须慎之又慎。三大诉讼法均对审判监督程序启动设置了严格限制，不过，具体内容仍然是有所区别的，其中一个明显的不同是关于当事人申请再审的期限限制方面。民事诉讼法和行政诉讼法规定，当事人向上一级人民法院申请再审，应当在判决、裁定或者调解书发生法律效力后 6 个月内提出，有下列情形之一的，自知道或者应当知道之日起 6 个月内提出：（一）有新的证据，足以推翻原判决、裁定的；（二）原判决、裁定认定事实的主要证据是伪造的；（三）据以作出原判决、裁定的法律文书被撤销或者变更的；（四）审判人员审理该案件时有贪污受贿、徇私舞弊、枉法裁判行为的。而在刑事诉讼中，当事人申请再审期限一般可以在刑罚执行完毕后 2 年内提出，但满足特定条件（可能对原审被告人宣告无罪的，或者原审被告人规定的期限内向人民法院提出申诉，人民法院未受理的，或者属于疑难、复杂、重大案件的），即使在刑罚执行完毕 2 年之后提出，人民法院仍需受理。民事诉讼、行政诉讼与刑事诉讼的这一区别，基本可以结合各自诉讼特点加以理解。因为刑罚通常对人身自由有限制，因此，刑事诉讼规定可以在“刑罚执行完毕 2 年内”申请再审，而不是民事诉讼、行政诉讼所规定的“判决、裁定或者调解书发生法律效力后 6 个月内”。

微课堂39：

一件特殊的再审案件——刘涌案

截至2017年8月4日，中国裁判文书网收录文书31 988 861篇，其中再审文书125 166篇，再审审查和审判监督文书273 206篇，可见，审判监督程序在我国司法实践并不少见。不过，刘涌案是其中非常特殊的一件，它是罕见的由最高人民法院提审的案件。

2002年4月，刘涌被辽宁省铁岭市中级人民法院以组织、领导黑社会性质组织罪、故意伤害罪、非法经营罪、故意毁坏财物罪、行贿罪、妨害公务罪、非法持有枪支罪等多项罪名一审判处死刑。一年零四个月后的2003年8月，刘涌被辽宁省高级人民法院改判死刑，缓期2年执行。在刘涌被改判死缓的2个月之后，最高人民法院于2003年10月向刘涌送达了再审决定，后再审改判刘涌死刑立即执行。

最高人民法院对各级人民法院的生效判决发现确有错误时，可以采取两个措施：一是指定再审，即指令下级法院重新审理；二是提审，即上级人民法院或最高人民法院亲自派出法官审理案件。虽然"提审"这一做法在法律中有明确规定，但实际执行中大多采取的是"指定再审"，而"提审"的方式极少使用。二审判决认定"不能从根本上排除公安机关在侦查过程中存在刑讯逼供情况"，但再审认为这与庭审质证查明的事实不符，在实践中也不多见。

后　记

　　真正能适用于生活的法律必定是具体法律以及一个个真实的判例,但是,过于拘泥细节的法律学习很可能只是盲人摸象,只见树木不见森林,失去洞察全局的视角。政治哲学的宏观视角是解决法律学习盲人摸象的有益探索,不过,完成"一句话理解法律"这样一个新课题仍然是一个巨大的挑战。如今这一任务总算完成了。这是我讲授法学、政治学20年的心得之作,是从政治哲学视角理解法律的逻辑成果。这本书能够完成要感谢我所有参考的文献的作者以及他们背后的编辑、出版商等;感谢家人,家是心灵的港湾,是我创作动力的来源;感谢朱良洲老师,他的建议增加了本书的可读性。一本正式出版的书,实际上是作者和编辑的共同作品。作品中的可嘉许之处都蕴含着编辑们的辛勤劳动,特别感谢知识产权出版社李小娟老师为本书出版付出的耐心和努力。作品中的错讹则是我本人的笨拙,书中还有很多不妥之处,热忱期盼读者不吝赐教,在此提前感谢每一位为本书修改提出意见的朋友。

　　法律能概括成一句话理解吗? 是的,谁也不能肯定这种概括是可能的。但是,我还是大胆将它写出来。有一件事情是非常清楚的,一旦将它写下来,并且传播出去,它的可能性权重将会大大增加。感谢所有购买本书的读者,这或许就是在增加一句话理解法律的可能性。胡适先生说:"发表是吸收智识和思想的绝妙方法。吸收进来的智识思想,无论是看书来的,或是听讲来的,都只是模糊零碎,都算不得我们自己的东西。自己必须做一番手脚,或做提要,或做说明,或做讨论。自己重新组织过、申述过、用自己的语言记述过——那种智识思想方才可算是你自己的了。"[❶]写出来、讲出来,或者落实到行动上,才是真正的学习,所以,我大胆地将一句话理解法律这样一些不成熟的思想写出来,算是对我20年努力的一个总结。最后要感谢自己,居然完成这样一个任务。对正在学习的知识,你不能置身其外。亲爱的读者,你动笔了吗?

---

❶胡适.读书与治学[M].北京:生活·读书·新知三联书店有限公司,1997:7.